勇者の魅力

人を動かし、組織を動かす

童門冬二
Domon Fuyuji

清文社

「なんだろう?」

と考えてみた。

「勇気だ」

と気がついた。しかしITが発達して、個人の自己向上能力と意見形成能力が異常にたかまったいま、勇気というのは単なる〝猪突〟ではない。

「新しい勇気が具備すべき条件」

を考えてみた。
・やらなければならないこと、やったほうがいいことに、積極的に取り組んでいくチャレンジ精神
・しかしそれをヤミクモに単独で行うのではなく、周りによき理解者と協力者をつくり出す努力を惜しまないこと
・そのためには、周りから「この人が言うのなら」と思わせる、〝なら〟誘発のオーラ(気)を発散すること
・それには、かつての勇気ではなく、他人がウナるような〝チエ〟の活用が不可欠であること
この本に並べたのは、そういう、

「いま活用できる新しい勇気を発揮した人びと」

の例である。そしてその新しい勇気は、この本を読んでくださるみなさんが、必ずお持ちのものであり、日々実行されているはずのものである。どうか自信をお持ちください。

童門冬二

装幀＝前田俊平

目次

財政改革の決め手は心の改革

上杉鷹山《うえすぎようざん》

上杉鷹山（一七五一～一八二二）
江戸中・後期の大名。米沢藩主。藩政の改革に努め、財政改革・殖産興業・新田開発・倹約奨励を行い、藩政を立て直して名君と称された。藩校興譲館を設立。

✣間違っている「リストラ」の解釈

バブル経済がはじけた後、日本ではしきりに〝リストラ（リストラクチャリング）〟という言葉が流行った。しかしその意味は、

「減量経営・縮小生産・締めつけ・ケチケチ作戦」

などと受け止められた。これは本来のリストラの意味ではない。本当のリストラというのは「再構築」がその定義だから、これを経営活動に取り入れれば、

・仕事を根本的に見直す。

・その目的は、様変わりした社会状況下で、客のニーズに適合した経営を行っているかどうか（つまり、客の求めるモノやサービスを提供しているかどうか）を総点検する。

・この点検は、全現場にわたって行われる。ということは、全従業員の参加が必要だということだ。

・もし、組織内にバブル時代の習わしがそのまま残っているようなことがあれば、これは思い切って切り捨てる。

・そうなると、結果的には組織の見直し、人事異動、仕事の持ち替えなどが行われる。

・しかし、人間というのは何事につけても現状変革を嫌がる。「総論賛成・各論反対」が横行

する。
・それを経営者や現場のリーダーが新しいリーダーシップによって、嫌がる人間にも納得させ、新しい経営理念に協力参加させる。
・この一連のいとなみを、すなわち〝リストラクチャリング〟という。
このモノサシを当てはめてみると、日本で扱われた多くの〝リストラ〟というのは、必ずしもこのとおりではなかった。たしかに、

「組織を見直し、仕事を見直す」

という観点に立てば、〝節約〟は欠くことができない。しかし、節約はあくまでも新しい目的を達成するための手段であって、目的そのものではない。ところが、日本のリストラは完全に手段が目的になってしまった。ここがそもそもの誤りである。これでは、働く人間にやる気（モラール）が起こらず、職場全体が湿っぽくなる。

上杉鷹山は、ここに掲げた〝本当のリストラ〟を行った人物である。

✣鷹山の挑戦

上杉鷹山は、一八世紀〜一九世紀に生きた江戸時代の大名だ。彼は日向（宮崎県）高鍋の秋月という小さな大名家に生まれた。縁があって出羽（山形県）米沢藩の藩主になった。米沢藩

上杉家は、謙信以来の名門で、謙信のころは約二〇〇万石の収入があったという。

それが二代目のときに、一二〇万石に減り、さらに関ヶ原の合戦で徳川家康に敵対したため三〇万石に減らされた。四代目の相続人問題でゴタゴタが起こり、この時にまた一五万石に減らされた。昔から比べると一〇分の一以下の規模に縮小された。

にもかかわらず、米沢藩ではリストラを行わなかった。つまり謙信時代の人員、行事、事業、いろいろな習わしなどすべて持ち込んだ。これではやっていけるはずがない。したがって、鷹山が九代目の藩主になったときは、完全に財政破綻を来たし、文字どおり火の車の上に乗っていた。高鍋からやってきた鷹山は、まず、

「藩財政の立て直し」

を行わなければならなかった。

鷹山は、財政再建に対してこう考えた（用語は現代風）。

「財政再建は、単に帳簿面に表われた赤字を克服すればいいというものではない。前バブル時代の悪影響を受けて、今は、この国に住む人々は他人のことを考えず、自分の目先の利益しか追求しない。これは、いってみれば人間の心に赤字が生じているということだ。この克服をしなければ、城の帳簿の赤字を解消したところで何の役にも立たない」

そして鷹山は、論語の「水は方円の器に従う」という言葉で、水を住民、方円の器を環境と

考えた。

「住民が心に赤字を生じているのは、生活環境が悪いからだ」

ということである。生活環境を人間の住む容器と考えたのである。

そこでかれは、
・財政再建の究極の目的は、この国の生活環境を向上させることだ。
・そのためには、思い切った仕事の見直しと大倹約が必要になる。
・しかし、ただ倹約一辺倒では働く人々が希望が持てない。増収策も必要だ。
・増収策を行うのには、この地域の手持ちの資産を最大限活かすことだ。手持ちの資産を活かすということは、資産に含まれている可能性を引き出すことだ。
・それでなくても米沢は東北なので、北限の適用を受ける。暖かい国でできる木綿、みかん、お茶、ハゼ（ローソクの原料）などができない。これらは輸入しなければならない。
・そうなると、ここでできる品物を高価値化する工夫がいる。
そう考えたかれは、

「そういう一連のいとなみができるのは、なんといっても人間だ。人が決め手だ」

と考えた。しかし、この〝人が決め手だ〟ということがわかっても、人間の行いを妨げる壁が三つある。

・物理的な壁（モノの壁）
・制度的な壁（仕組みの壁）
・意識的な壁（こころの壁）
である。このうち、最も変え難いのが三番目の（こころの壁）だ。先例尊重、先入観、固定観念などである。そこで鷹山は、

「経営改革はまず、一人ひとりの心の改革がスタートになる」

と考えた。かれは、

「こころの壁を破壊するためには、何といっても研修が必要だ」

といって、興譲館という学校をつくった。藩の研修所である。普通リストラといえば、三Kといって「会議費・広告費・研修費」などを節約するが、鷹山は逆だった。

「財政難のときこそ、研修を強化すべきだ」

といった。興譲館というのは、

「譲るという人間の美徳をもう一度興そう」

ということである。「大学」という古い本に書かれている。かれは、家臣全員にこういった。
・トップは米である。
・ミドルは釜である。

・ロウワー（一般の従業員）は薪《まき》である。
「どんなに米がいい種類であろうと、また薪がオクタン価が高く完全燃焼しても、肝心の釜が割れていたら、決してうまい米は炊けない」

というたとえであった。

✣改革の推進力は〝ミドル〟

さらに鷹山は考えた。

「改革の理念や目的を、米（トップ）がいちいちすべての薪に対して説明するわけにはいかない。それをトップの代わりにやってくれるのは、あくまでもミドルである〝釜〟だ。そうなると、現場における釜のリーダーシップのとり方が、改革を進められるかどうかの分かれ目になる。改革の決め手は〝釜〟だ。そして同時に、改革を左右するのは、全従業員が自分の心を改革できるかどうか、にかかっている」

かれがそういうことを考えたのは、次の理由による。
・改革には、大倹約が伴うので当然全員が痛みを味わうことになる。
・人間というのは、痛みに弱い。そこで、痛みを伴うような改革をすすめるときには必ず疑問を持つ。「なぜ今、こんなことをやらなければいけないのだろうか？」

・この疑問を解明し、相手を納得させるのはあくまでも現場のリーダーだ。つまり〝釜〟の群れである。
・部下たちが仕事をすすめる上で最も大切なのは「納得」だ。納得は
「なぜ、こんなことをするのか、という目的を明らかにすること」

「自分のやったことがどれだけ役に立ったのか、という寄与度を明らかにすること」

「それに対してどんなご褒美がもらえるのか、という信賞必罰を伴う評価」

の三つを欠くことができない。これを欠くと、部下は不完全燃焼のまま仕事を続けることになる。そんな状態で行った仕事は、決していい仕上がりにはならない。

そこで鷹山は、

「部下が改革を進める上で、なぜこんなことをするのか？　と聞いたときは、中間管理職は、して見せて・いって聞かせて・させてみる、という方法をとってほしい」

といった。このことは何も、

「このとおりやってみろ」

ということではない。つまり前に掲げた、(何のためにこういうことをするのか)という目的を明らかにする、(一人ひとりのやった仕事がどれだけ役に立ったか)という寄与度を明らかにする、(それに対してどういう評価を与え、どういう信賞必罰を行うか)を明らかにする、

ということを丁寧に説明することだ。

かれの基本的な考え方は、

「改革というのは、単に帳簿の赤字を消すことだけではなく、人間の心の赤字を消すことだ」

という前提にもとづき、

「それには、この国に住む人々の生活環境を豊かにすることが大切だ」

と定めた。このことは現在でいえば、

「インフラストラクチャーを行うために、必要な資金を自ら稼ぎ出す」

ということである。これはとりもなおさず、今進行中の、

「地方分権を進める」

ということだ。

現在、地方分権については、基本法が定められ、委員会の中間答申もあってどんどん実行に移されている。これからは地域が、

「自己完結」

を求められる。上杉鷹山はまさしくこの「地域の自己完結性」を実現した人物である。当時の幕府と大名家の関係においては、現在の中央政府と地方自治体におけるような地方交付税あるいは補助金の制度などない。江戸時代の地方自治体である各大名家は、

「その地域で必要な経費は、すべて自分の力で稼ぎ出さなければならない」

という立場に立っていた。鷹山はそのために、

「手持ちの資産に潜む可能性をできる限り取り出して、付加価値を加えよう」

という経営方針を立てた。そして、そのためには、

「人材育成が決め手になる」

と考え、その人材育成も、

「自らを改革して、自分の中に潜んでいる可能性を自分の手で取り出す」

ということを目的にした。

✢富民が富国に

かれが「増収策」の中で最も力を入れたのが「産業振興」である。この考え方をかれは次のようないい方で示した。

・東北の地である米沢では、生産される品物が限られている。

・しかし、この品物をわれわれはある段階で「製品」と称して他国に輸出している。これをもう一度考え直してみよう。つまり、今われわれが提供している品物は果たして製品なのか、それとも客から見た場合にまだ原材料にすぎないのではないか、という疑問をもつことだ。

・この地方でできるのは、たとえば麻糸、コウゾ、漆《うるし》、桑、紅花《べにばな》などがある。それぞれの素材を使って製品にしているが、たとえば麻糸は糸の段階で製品だといっているが、果たしてそうだろうか。

・米沢でつくった麻糸を輸入した大和（奈良）では、これを晒《さらし》に変えている。近江（滋賀県）では蚊帳《かや》にしている。また、越後の小千谷では高い織物に変えている。そうなると、そういう技術向上もわれわれにとって挑戦すべき新しい道ではないのだろうか。

・同じことが他の産品についてもいえる。コウゾからは紙ができる。漆は、木工品の塗料としては使っているが、その他にも女性（雌）の漆の木からは少量の蝋《ろう》が取れる。ハゼの木の育たないこの国にあっては、蝋は貴重品だ。女性の漆の木をたくさん植えて、蝋を取るように努めよう。

・紅花は女性の口紅や、織物の染料に向いている。これを大いに活用しよう。

・おたかポッポなどの芸能品や、小野川温泉から沸き出るお湯を干し上げて、少量の塩を取ることも考えよう。

さらにかれが行った画期的な改革は、「士農工商」の身分制を「職業区分」と考えたことである。たとえ武士であっても、農業の得意な者は農民に、職人仕事の得意な者は工の世界に、そして商いの上手な者は商の世界に、それぞれ行って活躍してもらいたいと告げた。これは明

らかに、

「士農工商は身分ではなく、職業区分である」

という、大きな変革をもたらすものだ。

　こういうように、かれは人間社会を押し包んでいる三つの壁、すなわちモノの壁・仕組みの壁・こころの壁に挑戦した。そして、最も打ち壊すのに苦労したのが、

「こころの壁」

であった。しかしこれが成功し、米沢藩は赤字を克服し、同時に大飢饉が起こっても一人の餓死者も出さないほど豊かになっていった。

　先日、カルロス・ゴーンさんがテレビに出演して、

「財政再建に成功した秘訣」

を語っていた。それによると、
一　改革の理念・目的をはっきり定める
二　この目的を全社員に周知徹底する
三　ミドルのリーダーシップによって、全員にやる気（モラール）を起こさせる
ということだった。思わず鷹山のことを思い出した。

負債は生まれかわって払え

松居遊見《まついゆうけん》

松居遊見（一七七〇〜一八五五）

江戸時代後期の商人。近江の人。農業のかたわら生糸、絹布、綿布、麻布などを商い、江戸・京都に店をもった。慈善行為に大金を投じて、彦根藩主井伊直弼に賞され、禄を与えられた。

✣取りつけさわぎ

勇者とは「勇気ある行動のとれる人」ということだ。そしてこの勇気ある行動をとれる人というのは、普通の人間だったら簡単に降参してしまい、

「とてもダメだ、自分にはできない」

と思うような難事に対し、勇敢に立ち向かっていく人をいうだろう。しかし、その勇気の表れ方はいろいろある。

江戸時代の近江商人に松居遊見という人物がいた。松居家の商標は〝トンボ印〟と呼ばれていた。天秤棒の脇に、トンボの目のような点を二つつけたのでそう呼ばれた。しかしこの点はトンボの目ではない。星だった。

松居家の習わしである、

「朝、星が消えないうちに働きに出、夕べの星をいただいて戻ってくる」

という勤労精神を表したものである。だから点の一つは朝の星、もう一つは夕べの星だ。これによって、松居家は財をなした。

遊見は、この松居家の三代目だった。ある時、遊見と親しい京都の両替商が、取りつけ騒ぎにあった。親しい遊見のところに「助けてほしい」という使いが来た。遊見は出かけて行った。

その店の前は債権者たちがひしめいていた。そして口々に、

「出資した金を返せ！」

と叫んでいた。遊見はその人込みをかきわけて中に入った。ところが、主人は仮病をつかって寝ていた。遊見は怒った。

「なぜ寝ているのだ？」

といった。主人は、

「表の騒ぎが怖いのです。とてもわたしには対応できません」

と泣き言をいった。これを聞くと、遊見はいきなりふとんをひっぱがして、

「起きなさい」

といった。主人は、

「いや起きません。わたしがピンピンしていることを知れば、債権者たちはいっせいに襲ってきます。もう死んだ方がましです」

といった。これを聞くと遊見は、

「わかった。ではすぐ死になさい」

といった。主人はびっくりして遊見を見返した。

「あなたは冷たい人だ。わたしに死ねというのですか」

行商からやり直す

遊見はうなずいた。

「そうだ。債権者に対する責任も果たさずに仮病をつかって逃げ回っているような人間はいくじなしだ。そんないくじなしはこの世にいない方がいい。皆の迷惑だ。さっさと死になさい。あんたは商人の恥だ」

そうきびしいことをいった。主人は考え込んだ。やがて、

「どうすればいいでしょう?」

と聞いた。遊見はこういった。

「債権者の前に出て、正直に現状を話しなさい。そして、明日から天秤棒を担いで行商をやってでも、必ず借りたお金はお返ししますと約束するのです」

「そんなことはできません。たかが行商では、いったい借金を返すのに何百年かかるかわかりません」

「それが間違った考えだというのだ。いまのあんたは何もない。あるのは負債だけだ。さっきあんたは死ぬといった。死んだつもりで生まれ変われば、どんなにつらいことでもできるはずだ。あなたの代で返せなかったら、子どもに返させる。子どもの時代で返せなければ孫の時代

に返す。そういう意気込みで、行商をやりなさい。わたしも応援する」

そう告げられて、主人はいくらか元気を取り戻した。

「わかりました。勇気をもってあなたのおっしゃるとおりにします」

主人はみんなの前に出て行った。そして正直に自分の気持ちを話した。遊見もついて行って脇から声を添えた。

「今の主人の話は本当です。わたしが保証します。しかし信用できないで、今すぐ金を返してほしいという方には、わたしが立て替えてお返しいたします。どうぞ申し出てください」

これにはさすがの債権者たちも顔を見合わせた。遊見の名は響きわたっている。

「近江商人の松居遊見さんがああして保証をしているのだ。信用しよう」

ということになった。そこで債権者たちは、

「何年かかってもいいから、本当に貸した金を返してくださいよ」

そう主人に念を押して引きあげて行った。主人は遊見に感謝した。遊見はにっこり笑った。

「今日のあんたは臆病者ではない。本当に勇気があった。本当の勇気というのは、自分にはとてもできないと思うこと、ここから逃げ出したいと思うことなどがあっても、じっと踏みとどまって現実に立ち向かって行くことをいうのだ。今日のあんたは、まさしく勇者だったよ」

「とんでもありません。すべてあなたのおかげです」

主人はそういって、遊見に感謝した。主人は翌日から言葉どおりに行商人になった。しかし、そういう主人を気の毒がって、まわりから応援者が出た。やがて店は立ち直り、債権者たちも、自分たちが無理やりその主人から債権を取り立てなかったことを喜び合った。勇気とは、こういう表れ方をする場合もある。

誰よりも自分にきびしく
毛利元就《もうりもとなり》

毛利元就（一四九七～一五七一）

戦国時代の武将。大内義隆が家臣陶晴賢《すえはるかた》に倒されたのち、陶氏を討って周防《すおう》・長門を支配下に収め、大内氏も滅ぼし、さらに出雲の尼子氏も倒して中国地方一〇か国の領主となる。一族の結束を固めるための〝三本の矢〟の教訓で有名。

✣今は戦国時代の再来

「能力が万人よりすぐれていて、天下の情勢をよく見極める者は、この世に本当の味方は一人もいない。自分を本当に理解してくれる者は、昔の英傑か、あるいは後世の英傑でしかない」

これは毛利元就の言葉だ。

この間、ある企業の経営者と話をしていたら、その人がこういった。

「今のような世の中では、トップに立った者は山頂の一本松のようなものですよ。風当たりが非常に強い。しかし、これに屈して倒れてしまえば、自分に生活を託している家族や社員もみんな倒れてしまいます。だからどんなにつらくても、トップは根をしっかりはって、自分という幹を支えなければならないのです。なかなかこういう苦労はわかってもらえませんよ」

今は戦国時代の再来で、それにさらに幕末の開国時代が加わった時代だといわれる。つまり、バブル経済がはじけた後は、応仁の大乱後の戦国時代のようなものであり、外国列強が「規制緩和」を迫るのは、幕末開国時代がダブって訪れたのである。

そうなると、特にトップ層に求められる資質が今までどおりにはいかない。

現在求められるのは、①先見力、②情報力、③判断力、④決断力、⑤行動力、⑥体力、だといわれる。この中で〝決断力〟が最もむずかしい。つまり現在は、客側が「分衆化」してしまったので、モノやサービスに対する選択眼がきびしい。客の一人ひとりが自分の価値観をもっていて、ほしいモノを選ぶからだ。

そして、この〝分衆化〟は何も客側だけに起こっているわけではない。組織内部にも起こっている。特に若い部下は「仕事を選ぶ・上役を選ぶ」という傾向を強めている。つまり、今のトップは内外ともに激しい風に吹きさらされているのだ。

✣元就の〝カラカサ連合〟

毛利元就は、安芸国（広島県）の一山村の土豪から中国地方の覇者にのし上がった。しかしかれはその覇者への道を単に武力だけで他の土豪たちを圧迫していったのではない。

元就には有名な「カラカサ連合」というのがある。これは、国人衆と呼ばれた地侍たちと、共同の立場でいろいろなことを処理していく方式だ。カラカサ連合というのは、カラカサの骨組みのように各地侍たちが自分の自主性を主張して連合していく、ということである。

カラカサの骨は、円形に並べられているので、どこが頭でどこがしっぽだかわからない。〝カラカサの骨〟式に名前を書けば、誰が一番エラく、誰が一番エラくない、ということにはならない。平等だということだ。

毛利元就は自身ではかなり力を発揮していったが、最後までこの〝カラカサ連合〟の初心を忘れなかった。

よく現在は「異業種交流」といわれ、業種の違う人々が集まる。互いに情報を交換したりヒントを与え合って、お互いの向上を図ることが目的だといわれる。

しかしこれからは「地方分権の推進」が加速度を加える。地域の行政体の計画によっては、町の形がすっかり変わってしまう。そうなると、そこに住む人々のニーズも変わる。異業種交流も大切だが「同地域交流」も大切だ。

毛利元就の〝カラカサ連合〟は、戦国時代にすでに地方分権下における企業のあり方を先取りしていたものといえる。つまり、地域に住む地侍たちの自衛力・自治力をお互いに認め合いながら、共通の問題、あるいは広域的な問題を共同で解決していくという考え方がカラカサ連合なのだ。地方にある「一部事務組合」のようなものだ。

毛利元就がこのカラカサ連合を推進していく上で最も悩み苦しんだのは、

「それぞれの地侍のエゴイズム」

であった。しかし元就は、これらの地侍を統合していく過程で、その考え方を、

「けしからん、オレのいうことに従え」

と、決して強制はしなかった。そんなことをすれば、今度は地侍たちが連合して自分に反抗すると考えたからである。

かれがとった連合の方法は、あくまでも「納得」である。しかし、エゴイストたちの納得を得るためには、考えられないほどの時間と根気と忍耐がいる。これがつまり、元就にとっての「当たりの強い風」だったのだ。

したがって、かれの勇気とは、

「周囲のエゴイズムに対する説得工作」

を発揮したことであって、決断してすぐ行動するというような短絡なものではない。あくまでも慎重に時間をかけて、相手の納得を待つという方法である。こういう「じっと待つ」という〝我慢の哲学〟も、今のような複雑な時代における、

「トップにおける新しい勇気」

といえるのではなかろうか。だからかれは、組織内の幹部についても、

「部下から〝あの人はいい人だ〟とみんなにほめられるような人間には、安心して重い責任を任せられない」

といっている。それは、組織内で悪事が起こったときも、そういう〝いい人〟と呼ばれる人間には的確な対応ができないからだ。

かれは孤独に徹した。ということは、他人にもきびしいが、誰より最も自分にきびしかったという態度を保ったからであった。

誇

譲れないもの

豊臣秀吉《とよとみひでよし》

豊臣秀吉（一五三六〜一五九八）

安土桃山時代の武将。尾張中村の人。織田信長に仕え、軍功によって重用され、筑前守《ちくぜんのかみ》となる。本能寺の変後、明智光秀を破り一五九〇年に天下を統一。この間、関白・太政大臣となり、豊臣の姓を賜る。九一年関白を養子秀次に譲り太閤と称した。また、検地・刀狩りを実施、兵農の分離を徹底し、幕藩体制に至る基礎を築いた。二度の朝鮮出兵に失敗、まもなく伏見城で病没。

✢被せられた汚名

豊臣秀吉は若い頃、家を出て放浪した。その頃評判の高かった大名は駿河（静岡県）の今川義元だった。秀吉がのちに仕えることになる織田信長は、当時まだ無名の新人で、世の中に出ていなかった。

浜松まで来たときに、秀吉は一人の武士に会った。

「おれは今川義元の家来で松下嘉兵衛という者だ」

と名乗り、サルのような顔をした秀吉をめずらしがって自分の家に連れて行き、

「おれの家来になれ」

といった。松下が今川の家来だというので秀吉は、

（まずこの武士の家来になって今川義元がどんな大名か調べよう）

と考えた。まめまめしく働いた。その働きぶりが見事なので、松下はやがて秀吉を会計係に任命した。先輩の家来たちが怒った。

「新参者の秀吉が会計係という大切な役を命ぜられた。おれたちの立場がない」

秀吉に嫉妬の気持ちをもった先輩たちは悪企みをした。

「秀吉は会計係の立場を利用して公金を使い込んでいる」

という噂を流したのである。このことが主人の松下の耳にも入った。松下はある日、秀吉を呼んだ。

「おまえにいやな噂が立っている」

「知っています。わたしが公金を使い込んでいるという噂でしょう?」

「そうだ」

うなずいた松下は困った表情で秀吉を見た。秀吉は、

「どうなさるおつもりですか?」

と聞いた。松下は、

「家を出てほしい」

といった。

「なぜですか? あなたもわたしが本当に公金を使い込んだと思っているのですか?」

「思っていない。しかしおまえがこの家にいるとおまえの先輩たちがおまえを妬《ねた》んでいろいろと意地悪をする。ゴタゴタが起こってしかたがない。今度のヌレギヌもそのひとつだ。しかしわたしは仕事が忙しくて、いちいちそんなことに構っていられない。わたしは職場の和を重んずる。その和を保つのに一番いいのはおまえが家を出てくれることだ。そうすれば松下家がまるく収まる。退職金を弾むから出て行ってくれ」

そういわれた秀吉は怒った。

「あなたはだらしのない主人です。わたしが公金を使い込んでいないということを知っているのなら、なぜ頑張ってくださらないのですか？　頑張らずに、わたしが出て行けば家の中がまるく収まるなどというのは意気地のない主人です。わかりました。わたしは家を出ましょう」

秀吉はそういった。松下はホッとしたように顔に喜びの色を浮かべた。

✢上司をクビにする

しかし秀吉は、その松下にこういうことをいった。

「主人には確かに部下を選ぶ権利があります。しかし、今のような戦国の世の中では、部下の方にも主人を選ぶ権利があるのです。部下が主人を選ぶというのは、主人が主人らしくないことをした場合です。わたしは子どものときから苦労してきたので、世渡り上手です。ですから、大抵のことは我慢します。そして、他人を喜ばせようということに努力しています。しかしだからといって、わたしはどんなことでも我慢するということではありません。人間にはやはり譲れるものと譲れないものがあります。今度の場合は譲れません」

「譲れないものとは——？」

「わたしの誇りを傷つけたことです。『公金横領』という汚名を被せられたことです。しかもあなたは、それをはね飛ばしてわたしをかばってくださるのではなく、わたしがいなくなれば、家の中がまるく収まるというような姑息な妥協策をとったことです。わたしは家を出ます。しかし覚えておいてください。あなたがわたしをクビにするのではなく、わたしがあなたをクビにするのです。ですから退職金は一文もいりません」

「……！」

驚きあきれる松下嘉兵衛を尻目に、秀吉は家を出て行った。かれに根拠のない汚名をきせた先輩たちもびっくりして見送った。そして、

「あいつは変わっている」

とヒソヒソとささやき合った。

秀吉は思った。

「松下嘉兵衛のような武士を管理職に使っているような今川義元も、大した大名ではあるまい。おれは駿河国には行かない」

Uターンしたかれは故郷に戻った。ちょうどその頃、織田信長が新しいタイプの大名としてメキメキ名を顕していた。秀吉は信長の家来になった。

豊臣秀吉という天下人になったのち、秀吉はその頃、貧乏暮らしをしていた松下嘉兵衛を発

見した。そこで、
「昔のよしみで一万石さしあげる」
と告げた。松下は喜んで一万石をもらった。秀吉にすれば、
（もし松下嘉兵衛に誇りがあれば、こんな申出は断るはずだ。にもかかわらず、それを受ける
というのは、やはり最初自分が考えたとおりの小さな人間でしかなかったのだ）
と淋しい思いを噛《か》みしめるのだった。世渡り上手の名人といわれた秀吉にも、こんな勇者とし
ての一面があったのである。

「敬天愛人」の原点

西郷隆盛《さいごうたかもり》

西郷隆盛（一八二七〜一八七七）

明治初期の政治家。薩摩藩の下級藩士の出。明治維新の三傑の一人として活躍、新政府の最高首脳となる。征韓論を唱えて敗れ、鹿児島で私学校を開く。明治一〇年（一八七七）西南戦争を起こしたが、敗れて自殺。

✝正義漢　吉之助

西郷隆盛に『南洲遺訓』という言行録がある。しかしこれは西郷隆盛が自分で書いたものではなく、かれのまわりにいた人々が西郷隆盛の日常の言葉や行いを書きとめたメモだ。その中で、

「政府の役人は常に生活を質素にしなければならない。そして国民が見ていて、これほどわれわれのために働いてくれているのに、あんな安い給料では気の毒だ、もっと値上げをしてあげたい、といわれるほど国民に尽くさなければならない」

といっている。

西郷がこういう言葉をいう原点は、かれがまだ吉之助《きちのすけ》といっていた若いときに、薩摩藩の郡方（こおりかた。郡奉行所のことで、今の地方役所のこと）の書役助（かきやくたすけ、現在でいえば役所の下級職員）を勤めていたときにあった。

このころの薩摩藩の政治は乱れていて、郡方に勤める先輩役人たちの多くが、農民からワイロをもらい、その分だけ年貢を安くしたりしていた。いってみれば、不正が行われていたのである。

若い西郷隆盛は怒った。しばしば郡方の最高職である郡奉行のところに行って、

「こういう事実がありますが、なぜ放っておくのですか?」

と抗議した。

そのころ西郷隆盛は、ある農家の離れに下宿していた。ある夜、庭のほうから人の話し声がするので、なんだろうと思って起き上がり、近寄った。話をしているのはこの家の主人だ。ところが相手は家族ではなく、この家で飼っている牛だった。主人は牛に告げていた。

「あしたは年貢を納めなければならない。わたしはワイロなど使わないので、年貢をまけてはもらえない。金がないのでおまえを売る。今までよく尽くしてくれたがお別れだ。勘弁してほしい」

そっと聞いていた西郷は怒った。そこで翌朝、また奉行のところに行って、このことを話した。奉行は、

「おまえの気持ちはよくわかる。しかしわたしの力ではどうにもならないのだ。もっとお城の重役たちが取り締まってくれなければ、末端では手がつけられない」

そう告げた。西郷は、

「お奉行がそんな気の弱いことでは困ります。もっと強い気持ちをもって悪事を正してください」

といった。奉行はこのとき、

「わたしの力ではどうにもならないので責任をとって辞めるつもりだ。おまえにこれをやる」

そういって、自分が作った歌をくれた。

虫よ虫よ　五ふし草の根を絶つな
絶たばおのれも共に枯れなん

〝汚職役人よ、イネを根元まで食いつくすな。そんなことをすれば、イネに寄生しているおまえ自身も死んでしまうぞ〟

という意味である。虫というのは汚職役人であり、五ふし草というのはイネのことだった。西郷隆盛は気の弱い上役を気の毒に思った。そしてこの歌を生涯大切にした。

✢井の中からとび出す蛙《かわず》

藩主が代わった。島津斉彬《なりあきら》という殿様である。斉彬は世界情勢にも明るく、

「日本も早く国際社会の一員にならなければならない。それには薩摩藩という狭い地域だけでものを考えてはだめだ」

といっていた。そして全部下に対し、藩政について考えるところがあったら、わたしのところまで直接意見書を出せ、と命じた。西郷隆盛は喜び勇んで郡奉行所内のできごとを書いて出した。

ところが、なしのつぶてで斉彬からは何もいってこなかった。西郷は、口だけうまいことをいっても、こんどの殿様もダメ殿様だ、とあきらめた。

そんな西郷にある日、

「城へ来い」

という命令が来た。斉彬が直接会いたいといっているという。西郷はびっくりした。城に行くと、斉彬はニコニコ笑って西郷を迎え、こういった。

「おまえの正義感は立派だ。しかし正義感だけでは、おまえは結局は薩摩藩という井戸の中の蛙《かわず》にすぎない。もっと日本の西郷になれ、世界の西郷になれ！」

西郷隆盛は頭をガツンと叩かれた気がした。正義感だけで先輩を告発しているだけではこの日本はよくならない、もっと広い視野でものを考えろという助言であった。斉彬はさらに、

「政治を行う者は、どんなに末端にいても民の父と母になることが大切だ。おまえにはその素質がある。これからはわたしの側にいて補佐をしろ」

こうして西郷隆盛は新しい殿様の秘書のような仕事を与えられた。隆盛にとって島津斉彬は主人というだけではなく、優れた師でもあった。とくに『政治を行う者は、どんな末端にいても民の親のような気持ちをもたなければいけない』という一言は、これもまた西郷隆盛が生涯守る信条となった。

西郷は努力する。しかしやがて、人間の能力には限界があるということを悟る。かれは、天の存在を無視するわけにはいかない。天を敬おう。そうすればもっと人を愛せるはずだ、と考えた。『敬天愛人』というかれの有名な思想はこうして生まれる。

西郷隆盛が冒頭に書いた『南洲遺訓』の中で、

「国民が気の毒がるようなほど国民に奉仕しなければならない」

という言葉の原点は、若いときの、今でいえば地方役所勤めのときに得たものだったのである。したがって、かれは明治維新後、仲間たちが高位高官となってぜいたく三昧な暮らしを送っていることには我慢がならなかった。西郷自身はもらった給与を全部家の机の上に放り出しておいて、次々と訪ねてくる若者が勝手に取り出し、それを勉学の費用に充《あ》てることを止めなかった。むしろ喜んでニコニコ笑っていた。巨人西郷隆盛の維新へのスタートは、地方事務所の徴税役人から始まっていたのである。

民の昼寝に励まされる

織田信長《おだのぶなが》

織田信長（一五三四〜一五八二）

戦国・安土桃山時代の武将。永禄三年（一五六〇）、今川義元を桶狭間《おけはざま》に破り、以後勢力を拡大。天正元年（一五七三）、第一五代将軍足利義昭を追放し、室町幕府を滅亡させた。天正四年（一五七六）、安土城を築き、天下統一を半ば成就したが、京都本能寺で家臣明智光秀の急襲を受け、自刃。

✝進軍の最中に……

織田信長は、その生涯に何度も危機に襲われた。一回目はいうまでもなく駿河の今川義元の西上を迎え討っての桶狭間の合戦のときだ。二度目の危機は、かれが将軍にした室町第一五代目の足利義昭の行動によってである。

義昭は、信長のおかげで将軍になったが、その後の信長が自分を尊敬しないので始終怒っていた。我慢できなくなったかれは、全国の大名に密書を出した。

「織田信長は無礼な男だ。将軍のわたしを少しも尊敬しない。おまえたちが連合してあの男をこらしめてほしい」

という内容である。

織田信長の進出を快く思わない全国の大名は多かった。義昭が手紙を出したのは、武田信玄、上杉謙信、朝倉義景、毛利一族、島津義久、三好一族、松永久秀などである。それに一向宗の総本山である石山本願寺であった。

大名の中には義昭から手紙をもらっても、

「遠すぎてとても都へは行けない」

と諦める上杉謙信のような人物もいた。が、

「このさい織田信長を叩きつぶして、あいつの勝手な行動を封じ込めよう」

と考える大名もいた。

これらの大名は連合軍をつくった。そしてその総大将となった武田信玄は、二万の大軍をひきいて京都に向かった。そのため、連合軍に参加した大名たちも、それぞれ軍勢をひきいて織田信長の包囲戦を開始した。

いってみれば、織田信長は日本全国の有力大名を全部敵に回してしまったということになる。最大の危機だ。しかし信長は、

「迎え討つまでだ」

と決断し、自分も軍勢を出した。

このころ、かれは安土城にいた。琵琶湖を抱えるこの地域は、広い穀倉地帯である。田や畑が多い。かれが出陣したのは春のころだった。

軍勢は畑の中を進んだ。突然、信長の馬の前にいた武士が立ち止まった。

「どうした?」

信長が聞くと、

「殿、ご覧ください」

といって畑の上を示した。信長が見ると、畑の上で一人の農民が呑気に昼寝をしていた。道の

上で武士は怒った。

「あいつはとんでもないやつです！」

「なぜだ？」

馬を止めた信長が聞く。武士はこういった。

「この国の領主さまが命がけの戦いに出て行くというのに、あいつは呑気に昼寝をしています。許せません」

「かれは農民だ。われわれは武士だ。それぞれ仕事に役割分担がある。今はきっと暇なのだ。きょうは陽気が暖かいから気分がよくて、眠ってしまったのだろう。放っておけ」

「そうはいきません」

武士の怒りはおさまらない。バラバラと畑の中に駆け込もうとした。

「どうする気だ？」

信長が聞いた。武士は振り返っていった。

「血祭りに殺します！」

「バカなことはよせ」

信長は笑って武士を止めた。

✢兵士の役割、農民の役割

信長は、武士に向かっていった。

「おれは前の拠点の岐阜にいたときに、兵士と農民の区分を行った。それまでは、農民を兵士として動員していた。他の大名は、まだそうしている。おれが、兵士と農民を分けたのは、農民は農村にいて最後まで農業に専念してもらいたかったからだ。兵士として動員してしまうと、農業がおろそかになる。同時に、合戦も農閑期にしか行えない。農繁期になると戻って来なければならない。だからおれは農と兵を分離したのだ。あの土の畑で寝ている農民は、自分の仕事を怠っているわけではない。仕事が終わったから、昼寝をしているだけだ。放っておけ」

「そんなことをいっても、胸が収まりません」

武士はいい募る。信長はもてあました。しかし、いつも短気な信長に似合わず、このときはニコニコ笑いながらその武士にいった。

「おれは、おれの国でああいう光景を見るのは好きなのだ」

「……はぁ?」

いきりたっている武士だけでなく、まわりにいた武士たちもみんな信長を見た。怪訝な表情をしている。信長がいった言葉の意味がよくわからなかったからである。

「ああいう光景を見るのは好きだとは、どういうことですか?」

農民を殺すと息巻いている武士が聞いた。信長は答えた。

「さっきいったように、農民と兵士とは別な役割分担をしている。おれたち武士は、農民があいうように、ときには呑気に昼寝ができるようにしてやるべきだ。あいつがグーグー高いびきで寝ているのは、おれたち武士が役割を果たしているということになる。領主としてのおれを信じきっているからこそ、ああいう居眠りができるのだ。おれはあいつの昼寝に逆に励まされるよ。おれも決して間違ってはいないとな」

「……?」

武士は眉を寄せた。考えた。次第に信長のいうことがわかってきた。まわりを見回した。みんなうなずいていた。ニコニコ笑っている。信長も笑った。

「よし、それでは進もう」

信長は全軍に向かって命令を下すと、高々にいった。

「あの畑の上で寝ている農民たちのためにも、おれたちは今度の戦に勝たなければならない。いいな?」

「はい!」

全軍がいっせいに声を上げた。信長のいった、この国では農民の昼寝が武士を励ましている、という言葉が兵士たち全員を大きく勇気づけたのである。信長の意外と知られていない一面だ。かれは民に対し温かかった武将である。

励

弟子を守りぬく
佐久間象山《さくましょうざん》

佐久間象山（一八一一〜一八六四）
幕末の兵学者。信州松代《まつしろ》藩士。佐藤一斎に朱子学を学び、江戸神田に象山書院を興す。蘭学・砲術に通じ、和魂洋才を唱え、公武合体・開国論者として活躍。勝海舟・吉田松陰らを育成。尊攘派の志士に暗殺された。（「ぞうざん」とも）

✝無謀な松陰

徳川時代の鎖国を終わらせ、やがては徳川幕府を崩壊させるきっかけをつくったのは、なんといってもアメリカからやってきたペリーの艦隊だ。

太平の眠りをさます蒸気船（当時、上喜撰という高いお茶があって興奮度が高かった）たった四杯で夜も眠れず、という落首が詠まれ、日本中の大騒ぎになった。が、その中で、「ペリーの船に乗り込んで、アメリカへ密航し、あの国の実体をこの眼で見てやろう」と考えた若者がいる。長州藩の吉田松陰だ。松陰はのちに松下村塾をつくって、多くの門弟を育てた。この門から、幕府を倒し明治維新を実現する、いわゆる志士がたくさん出た。

しかしこのころの松陰は、まだ三〇歳前後の若さであり、また松下村塾そのものも開かれていた期間はわずか一年数ヵ月にすぎない。そんな若さと短い期間で、これだけ多くの人物をつくり出したのだから、教育者としての松陰の力にははかり知れないものがある。

松下村塾を開く前の松陰は、行動家だった。かれは日本中よく歩いた。東北地方から九州まで、江戸時代でかれほどつぶさに国内を歩き回った人間は他にいない。

そして国内だけでは我慢できずに、ついに国外への関心をもった。かれは開国論者ではない。攘夷論者である。しかし、

「敵を追い払うためには、敵の実力を知らなければならない。それには、その国へ行くことが一番早道だ」

と考えた。下田港に停泊していたペリーの艦隊に小舟で近づいたかれは、通訳を通じペリーに、

「こういう志をもっているので、ぜひアメリカに密航させてほしい」

と願い出た。通訳からこの話を聞いたペリーは感動した。しかしこのときは、日本と開国条約を結ぶか結ばないかの重要な時期にあたっていたので、ペリーは、

「今、希望をかなえると密航になる。条約を結んで、日米の交流が行われるようになったら、ゆっくり遊びに来てもらいたい。今日は帰りなさい」

といった。落胆した松陰は下田奉行所に自首した。松陰は捕えられた。

✣逆に幕府をとっちめる師

吉田松陰の師は佐久間象山（しょうざん、「ぞうざん」ともよむ）だ。開国論者である。信州松代藩の学者で、天才だった。変わった人物で、

「おれは日本のナポレオンだ」

といっていた。それだけではなく、

「おれの子をたくさんつくって日本中にばら蒔《ま》けば、日本人の人種改良ができる」

などとうそぶいていた。松陰が密航するときに、象山は、

「大いに結構だ、がんばれ」

といって、励ましの詩を与えた。幕府に押収された松陰の荷物の中から象山のこの詩が見つかった。

「師のくせに、弟子をそそのかすとは何事だ」

ということで象山も捕えられた。今だったら、あるいは、

「そんなことは知らない、弟子が勝手にやったことだ」

と逃げを打つような先生もいるだろう。しかし象山は決してそんなことはしなかった。象山は勇気があった。逆に幕府の役人にくってかかった。

「わたしが弟子の松陰に励ましの詩を与えたのは事実だ。どこが悪い?」

と開きなおった。役人は驚いて、

「ばか者。日本では密航は禁止されている。それをそそのかすとは何事だ」

と怒った。ところが象山は、

「それが愚かだというのだ。もっと眼を開いて、世界の大勢を見ろ。日本だけが鎖国をして、外国と交流を絶つようなことをしていたのでは、日本は永遠に取り残されてしまうぞ。いまは大いに港を開いて外国と交流し、日本からも大きな船をつくって外国に出かけて行かなければ

いけない時代だ。おまえたちは間違っている。吉田松陰は若いにもかかわらず、自分の眼でアメリカの実体を見て、それをおまえたち幕府にもたらそうと考えていたのだ。むしろかれに感謝すべきだ」

そういった。しかし、こんなメチャクチャな論理が当時の幕府役人に通用するわけがない。

「弟子も弟子なら、師も師だ」

ということで、怒った役人は首脳部に、

「二人を厳罰に処してください」

といった。が、当時の幕府老中は阿部正弘というたいへん開明的な大名だった。阿部正弘はペリーが持ってきたアメリカ大統領の国書を和文に訳して、日本中にばらまいた。

「いい意見があったら出してもらいたい」

と、今でいう情報の公開と国民の国政参加を求めた。

実際には、これが原因となってその後の幕府が崩壊する。そのために最後の将軍、徳川慶喜がいろいろと苦労をする。

しかし阿部正弘は、そんな小さな考えにこだわっていたわけではない。つまり、

「徳川幕府を今の姿でそのまま続けようとしても無理だ。構造改革を行う必要がある」

と考え、それまでの幕府の組織を徹底的に改めようとしていた。だから、今まで政権の座につ

けない外様大名も参加させ、あるいは有能な人間であれば、大名の家来でも徳川幕府に登用しようと考えていたのである。

そこで、部下から上がってきた佐久間象山と吉田松陰の処分案についても、

「もう昔の考えでは日本はこの国難を乗り切れない。むしろ、二人のいっていることは正しい。しかし、現在の法律に背いたことは事実なのだから、それぞれ国に戻して謹慎させるように」

と命じた。阿部の裁断によって、吉田松陰と佐久間象山は死罪を免れた。それぞれ故郷に戻って、謹慎することになった。

「先生、本当に申し訳ないことをいたしました。わたくしのために、先生までお故郷《くに》で謹慎になろうとは思いもよりませんでした。どうぞお許しください」

そう詫る松陰に、佐久間象山は笑って手を振った。

「何をいうか。きみは私の教えを忠実に守っただけだ。私にとって誇るべき弟子だ。私は自分が罰を受けても、決して後悔はしていない。きみも後悔するな」

そう励ました。吉田松陰は、のちに安政の大獄によって殺されてしまう。これがこの世での最後の別れになった。

佐久間象山は松代に帰って謹慎していたが、じっとしているような男ではない。かれはまわりから何をいわれても、

「おれは間違っていない。吉田松陰も間違っていない。かれは立派だった」

と、徹底して吉田松陰を庇いぬいた。おそらく、こういう佐久間象山の勇気が、老中阿部正弘の胸に伝わって、二人は生命を助けられたのである。

秀吉の鼻をあかす 徳川家康《とくがわいえやす》

徳川家康（一五四二～一六一六）

江戸幕府初代将軍（在位一六〇三～一六〇五）。三河岡崎城主松平広忠の長男。はじめ今川義元、のち織田信長と結び東海に勢力を拡大、信長とともに甲斐武田氏を滅ぼす。織田信長の死後、豊臣秀吉の五大老の一人となり、秀吉没後、関ヶ原の戦いで天下を制覇、江戸幕府を開く。まもなく将軍職を子の秀忠に譲って駿府に移り、大御所として実権を握った。大坂の陣で豊臣氏を滅ぼし、幕府の基礎を確立。

✝秀吉のおごり

徳川家康は織田信長の同盟者だった。その信長が明智光秀に殺された後、天下人への道をばく進していったのは信長の家臣羽柴秀吉である。秀吉はやがて天下人になった。関白太政大臣だ。かれは、京都に豪邸をつくった。そして日本中の大名に

「屋敷に来て、関白就任の祝賀式に参加するように」

と命じた。

全国の大名たちは、

「豊臣船に乗り遅れるな」

ということで、われもわれもと参加の意思を表明した。ところが、徳川家康だけは、

「伺います」

とはいわなかった。今でいえば往復葉書の返信に出席と欠席の二つの欄があれば、家康は〝欠席〟と書いて返事をしたのである。秀吉は気にした。家康の欠席の理由は書いていない。

(あいつは、何かにこだわっているのか)

そこで秀吉は、いろいろな手を使った。自分の母親を家康の拠点である岡崎城に送り込んだり、あるいは亭主がいた自分の妹を無理やり離縁させて、家康の後妻に送り込んだりした。家

康は苦笑した。

「天下人になった秀吉は、そんなにもオレが怖いのか」

と笑った。家臣たちが心配した。

「そうはおっしゃっても、いまの秀吉殿には日本中の大名が従っております。そろそろ腰をお上げになった方がいいのではありませんか」

そういわれて家康は、

「ではそうするか」

と腰を上げた。

やっとやって来た家康を見て、秀吉は喜んだ。家康が到着した夜、ひそかに家康の屋敷へ訪ねてきた。

「わざわざ来ていただいて恐縮です。明日はお祝いの式がありますが、あなたにちょっとキツイことをいうかもしれません。ご勘弁ください」

と事前に仁義をきった。家康は、

（大坂に来た以上は自分はもう、まな板の上の鯉だ。どうされようとじたばたしない）

と覚悟を決めていたから、

「結構です。何でもおっしゃってください」

といった。

翌日、ズラリと並んだ大名の前で、秀吉は家康をにらんでどなりつけた。

「徳川三河守、このたびのあいさつご苦労である！」

家康は何もいわなかった。黙って頭を下げた。これによって、

「徳川殿は、反豊臣の兵をあげるのではないか」

と考えていた大名たちも、

「結局は、徳川殿も天下人に屈服したのだ」

と感じた。

✢家康の宝とは

祝宴の後、秀吉は何人かの大名を選んで自分の居室へ案内した。部屋にはたくさんの宝物が並べられていた。戦利品として取り上げたものもあり、金を出して買ったものもある。秀吉は一つひとつの品物について自慢しながら説明を加えた。

家康は、胸の奥でツバを吐いた。

（秀吉は結局は、権力の座についてから堕落してしまった。民の難儀を忘れて、こんな宝物ばっかり集めている）

と感じたからである。

やがて、秀吉は家康に聞いた。

「徳川殿、あなたの宝物はどんなものですか？」

家康は、

「そうですな」

としばらく考えた。やがて、頭を上げた家康はこういった。

「わたくしの宝物は、わたくしの部下全員でございます」

「え？」

「わたくしの部下は、私のためならいつでも命を捨てます。それがわたくしの宝物でございます。ほかに茶道具などは何も持っておりません」

そういいきった。大名たちは思わず顔を見合わせた。しらけた。

（よくいうよ）

という反応である。秀吉もしばらくはポカンとしていたが、やがて大きく笑い出した。秀吉は悟った。家康がいったのは、

（天下人だからといってあまりいい気になっていると、私は従いませんぞ。人質として私はあなたの母親を岡崎城にお迎えしている。場合によっては、私の部下があなたのお母さんを焼き

殺すかもしれませんぞ）

というすごみをきかせたのである。それが目つきで秀吉に伝わった。秀吉は思わず心の底で恐怖を感じた。そして、

（家康というやつは、まったく恐ろしい男だ）

と感じ取った。

だからいきなり笑い出して、その場をごまかそうとした。やがて扇を開いてパタパタと家康をあおぐようなマネをしながら、

「やあ、恐れ入った！　さすがに徳川殿だ。部下全員が唯一の宝物だなどとは、なかなか他の大名にはいえないセリフだ。秀吉も大いに学ばせていただいた。いや恐れ入った」

と、しきりに〝恐れ入った、恐れ入った〟をくり返してその場をごまかした。

徳川家康の名は上がった。つまり、

「おべんちゃらばかりいって秀吉のまわりにまといつく大名たちの中で、勇気をもって自分の考えを述べ、しかも部下を誇るというような快挙を行った。さすがだ」

ということである。思い上がった秀吉の鼻をあかした家康は、意気揚々と岡崎城に戻った。

悲運を受けて立つ
徳川慶喜《とくがわよしのぶ》

徳川慶喜（一八三七〜一九一三）
江戸幕府第一五代、最後の将軍（一八六六〜一八六七）。水戸藩主斉昭《なりあき》の七男。一八四七年に一橋家を継いだのち、将軍家茂《いえもち》の後見職として公武合体策を推進。家茂の死後将軍職についたが、慶応三年（一八六七）大政を奉還。江戸開城後は水戸で謹慎し、徳川宗家の家督を田安亀之助（徳川家達）に譲り駿府に移った。のち公爵。

✝あちら(京都)側の人として

徳川慶喜は「悲運の最後の将軍」といわれる。このいい方は当たっている。というのは、徳川慶喜は自分が「将軍になりたい」と思ってなったわけではないからだ。

かれは、水戸藩主徳川斉昭《なりあき》の七男に生まれた。斉昭はなかなかの野望家で、ときの老中筆頭阿部正弘と組み、慶喜を次の将軍にしたいと考えていた。阿部は阿部で、斉昭のこの野望を利用し、

「この際、思い切って外様大名との連合政権を組もう。そして、一橋慶喜を次の将軍に仕立て上げよう」

と策した。慶喜はこの計画を知ったときに、父の斉昭に必死に嘆願し、

「わたしにそんな能力はありません。一橋家に養子に入っただけでも、自分をもてあましているので、どうか将軍にしようなどという恐ろしい考えはお捨てください」

といっている。

しかし、そんな慶喜の願いを無視して、斉昭と阿部正弘の計画は着々と進行した。ところがこの計画は、阿部正弘の急死により挫折してしまった。代わって大老になった井伊直弼《なおすけ》は、この企てに大弾圧を加えた(安政の大獄)。しかしその井伊が、水戸浪士たちによって暗殺される

と、事態はまた変わった。

薩摩藩主の父である島津久光が乗り出してきた。かれは「天皇の意思」を利用した。勅使を仕立て、その護衛隊長として江戸城に乗り込んで来て、

「徳川幕府に将軍後見職を設け、一橋慶喜を任命せよ」

と迫った。斉彬《なりあきら》以来、薩摩軍にとり入れたヨーロッパ式の武力を背景にしての脅迫だ。幕府は屈服した。

口惜しがった江戸城の首脳部は、

「一橋慶喜は、あちら側（京都朝廷側）の人間であって、こちら側（江戸城側）の人間ではない」

と冷やかな遇し方をした。このとき慶喜は、

「どちら側であろうと、自分は将軍後見職になった以上は、徳川家のため徳川幕府のために死力を尽くす」

と心を決めた。

この慶喜の悲壮な決意は、多くの人に伝わらない。現代でも慶喜に対し、

「鳥羽伏見のときに、旧幕府軍が負けて大坂城に逃げて来るときに、かれは真っ先に江戸に逃げ帰った」

とか、

「江戸城を無血開城してしまった意気地なしだ」

などという悪口がきかれる。

しかし慶喜は、決して優柔不断な人間ではなかった。彼は最期まで、最初に立てた「徳川幕府のために尽くしぬく。つまり、こちら側の利益になることを堂々と主張して、あちら側と戦う」

という意志を貫いた。

✢悲壮な決意

「こちら側の利益になること」として慶喜が考えたのは、
・徳川幕府は天皇から政権を一任された日本唯一の政府である。
・天皇から委任された政権の中には、内政権だけでなく外交権も入っている。
・そうであれば、どこの国とどんな条約を結ぼうと、これは幕府の責任で行える。
ということであった。

そこで慶喜は、この問題を朝廷に交渉した。慶喜の考えでは、

「天皇が幕府に委任した政権の内容が明らかになれば、今この問題をめぐっていろいろと論議

している人々も納得するだろう」

と考えたからであった。

粘り強い慶喜の交渉に、ときの天皇はついに、

「政権は今までどおり徳川幕府に委任する」

といった。が、その条件として、

「徳川幕府は必ず攘夷を実行せよ」

とつけ加えた。これには慶喜は閉口した。というのは、当時の幕府の力では到底外国と戦うことはできなかったからである。戦えばすぐ負ける。どうするか。慶喜は悩んだ。

しかしかれは、

「あくまでも、自分は徳川家の人間であって徳川幕府の代表者だ。この立場を守りぬく」

という考えは変えなかった。今でいえば、

「自分は山の上の一本松だ、風当たりが強い。しかし、風当たりが強いからといって幹である自分が吹き倒されるようなことがあってはならない。そんなことになれば、自分に身を託している枝葉（徳川家の家臣やその家族）も一緒に倒れてしまう」

と考えていた。つまりかれは、

「まわりの者が、自分が京都側の意志によって選ばれた人間だと思っている。だからなかなか

協力してくれない。冷たい目で自分を見ている。自分が座っている場所は、まさに針の筵《むしろ》だ。辛い。しかしその辛さに負けて、責任を放棄することはできない」

という考えだ。

この慶喜の決意は悲壮だ。そして孤独だ。その立場で、かれは自分の課された責任を果たそうと努力した。

かれは、慶応三年一〇月一四日に大政を奉還する。このときの考えは、

「もう打つ手がなくなったから、政権を放り出そう」

というような無責任な考えからではなかった。かれはこう考えていた。

「京都朝廷とこれにくみする西南雄藩は、何が何でも徳川幕府よ、攘夷を実行しろという。朝廷はともかく、西南雄藩はそんなことが絶対にできないことをよく知っている。にもかかわらず、それをやれというのは、徳川幕府を倒そうという野望があるからだ。これを黙って見過ごすわけにはいかない。そこで、大政を奉還するから朝廷と攘夷を唱える雄藩が自分たちで攘夷を行うがよい」

もっと突っ込んでいえば、

「政権を返上されても、朝廷の方も長年政治から遠ざかっていただけにすぐ混乱する。そうなれば、もう一度徳川幕府に政治を行ってほしいといってくるに違いない。そのときは、こちら

側が強気に出て西南雄藩を叩き潰す」

と考えていた。崖っぷちに立たされた慶喜の巻き返しである。

しかし、この考えは失敗する。というのは西南雄藩の下級武士が育ち、「軍事力による討幕」を考えていたからである。慶喜が見ていたのは、日本の上層部の動向であった。下級武士とそれを支える民衆の存在に目を向けなかった。

慶喜は、

「自分を選ばなかった側のために尽くす」

という悲壮な決意をもった勇者ではあったが、民衆と下級武士に目を向けなかったことが、かれをついに、本当の最後の将軍にしてしまったのである。

酒を原価で売る
豊島屋十右衛門《としまやじゅうえもん》

豊島屋十右衛門（?〜?）

江戸中期の商人。江戸神田鎌倉河岸の酒商で、元文《げんぶん》年間（一七三六〜一七四一）以降、江戸有数の酒屋となり、寛政の改革の際、勘定所御用達一〇人のうちの一人に登用されて幕府の財政金融政策に協力。酒の安売りで財を成した。

✢知恵で不況を吹き飛ばす

華麗な元禄バブル時代が崩壊した後、きびしい不況期がやってきた。時の将軍は八代徳川吉宗である。吉宗は、倹約政策を始めた。

〝米将軍〟と呼ばれた吉宗は、米の増産を奨励する重農政策をとり、都市部における商人たちをかなりきびしく制限した。〝抑商主義〟をとったのである。そのために、お膝元である江戸の町の市民生活が次第に暗くなった。市民たちはブツブツ文句をいった。ウサの晴らしようがない。

「酒でも飲みてぇな」

というが、酒は結構高い。そんなときに、

「ある居酒屋が、酒を原価で売っている」

という評判が立った。

「どこだ?」

と、みんな目を立てた。

「鎌倉河岸の豊島屋だ」

ということがわかった。それ行け、とドッと客が押しかけた。

店の前にズラリと行列ができていた。酒を原価で飲ませるというので、われもわれもと押しかけてきたのだ。たしかに豊島屋は原価で酒を売っていた。その代わり店の前には大きな紙に、

「現金でお願いします。掛売り（ツケ）はお断り」

と書いてあった。市民たちは顔を見合わせた。しかし、原価で酒が飲めるのなら現金取引もやむを得ないと思った。

店の中はごった返していた。しかし主人の豊島屋十右衛門の整理方法が行き届いて、長く居座る客はどんどん外へ出した。そして、店の外に行列をつくっている客を次々と呼び入れた。

店があまりにも繁盛し、外の行列が長蛇のようになってしまったので十右衛門は考えた。かれは、

「札を出しますから、札に書かれた時間においでください」

といって、あらかじめ予約制をとり、ムダな行列をやめさせることにした。

「それにしても、豊島屋はなんで酒を原価で売れるのか？」

と客は一応に疑問をもった。

実をいえば、豊島屋十右衛門の経営方法にはこんな秘密があった。一つは、酒が大量に売れるから、酒造業者からの仕入れが多い。十右衛門は大量に樽で買い入れた。毎日飛ぶように酒が売れるから、樽がたちまち空く。この空樽を十右衛門は酒造業者に、

「有償で引き取ってほしい」

と告げた。酒造業者は苦笑した。しかし、酒造業者にしても樽は必需品だったから、十右衛門のいうように金を出して空樽を買った。これが収入源の一つになった。

もう一つは、当時の取引はすべて、

「節季払（せっきばら）い」

といわれた。節季払いというのは、年に盆と暮の二回債務を清算するという取引方法だ。十右衛門は酒造業者に対しては、この節季払いで買い込んだ酒の代金を払った。しかし、かれの店は〝現金取引・掛売りお断り〟だから、日銭がどんどん入ってくる。これをかれは運用し、今でいえば財テクを行ってどんどん殖やした。

したがって手持ちの資金は豊かで、すぐ困るというようなことはない。節季払いのときにも、かれは酒造業者に多少の利子をつけて払った。酒造業者は喜ぶ。

「どこよりもまず豊島屋に酒を渡そう」

と、重点的に豊島屋の搬入を考えてくれる。

もう一つ、十右衛門は酒の肴に自家製の田楽みそを出した。ところが、この田楽みそのみそが、よその店で売っているより少し辛い。そのために喉が乾く、そうなると客たちは、

「喉がヒリヒリする。もっと酒をくれ」

と、どんどん酒を飲む。しかし、いつまでも長く店にいることは認めない。回転を速くする。

✢市民に生きる希望を

　十右衛門が、

「酒を原価で売ろう」

と考えたのには動機があった。それは、

「ご改革、ご改革で今の江戸は本当に暗い町になってしまった。こんなことでは、働く人びとが生きていくのがいやになる。生きる希望を与えるには、やはり前向きに自分の心を奮い立てることが大切だ。酒が飲みたくても、高くてなかなか飲めない人びとに、原価で提供して、元気になってもらおう」

と考えたからである。だからといってかれは、吉宗の政策に反対しているわけではない。かれ自身は、

「公方様《くぼうさま》のご改革は正しい。しかしあまり行き過ぎると、市民の気持ちが暗くなってしまう。それをそっと自分が勇気づけよう」

と考えたのである。

　やがて十右衛門は、

「男にばかり奉仕をするのも考えものだ。家庭には女子どもがいる。この人たちにもサービスをしよう」

と考えた。白酒を売り出した。これが爆発的に当たった。

〝酒を原価で売る豊島屋〟は、やがて〝白酒の豊島屋〟としても有名になり、江戸時代の名所図会にも描かれた。

どんな暗い時代でも、すべて

「世の中が悪い」

などとぼやいてばかりいても始まらない。

「この厚い雲を引き裂いてやろう」

と考えるのが、本当のチエだ。つまり、

「カネがなければチエを出せ」

という考えである。豊島屋十右衛門はまさにこのチエを出した。鎌倉河岸の豊島屋は、

「暗い時代における、市民の希望の宿」

だったのである。

諫言《かんげん》の大切さ
安藤直次《あんどうなおつぐ》

安藤直次（一五五四〜一六三五）
江戸前期の大名。徳川家康の近臣。姉川の戦、長篠の戦、長久手の戦などに出陣、武略にすぐれ抜群の勇功を賞された。一六一〇年、徳川頼宣《よりのぶ》の後見として紀伊へ赴き、のち紀伊田辺城主となった。

✝主従は舟と水

中国最大の指導者の一人、故 江沢民さんが「座右の書」として大切にしている本があったという。唐の太宗の『貞観政要（じょうがんせいよう）』だ。この本は、中国古代の唐という国の皇帝だった太宗が、

「政治を行う上で心得なければいけないこと」

として、

「自分を戒める考え方」

の数々を、家臣との問答式の手法によって書き残したものだ。内容は、

「皇帝（トップ）のあり方」（帝王学）

が主だが、その中で最も重んじているのが、

「トップは、部下の諫言にどのように耳を傾けなければいけないか」

ということである。徳川家康もこの『貞観政要』を座右の書にしていた。家康の有名なことばがある。

「主人と家臣の関係は、水と舟のようなものだ。舟が主人で、水は家臣だ。水はよく舟を浮かべるが、ときにまたひっくり返すことがある」

といっている。これは、

「主人が主人らしくしていないと、部下に背かれるぞ」

ということだ。そしてこの、「水と舟」の一文も、貞観政要の中に入っている。

徳川家康は、自分の九男、十男、十一男に、それぞれ尾張、紀州、水戸の土地を与え、いわゆる「御三家」をつくった。このとき自分の腹心を息子たちの「付家老」として派遣した。

家康は付家老たちに、

「お前たちは、主人が主人らしくないことをしたときは死を決して意見諫言しろ。それがお前たちの役目だ」

と告げた。

初代の紀州藩主徳川頼宣《よりのぶ》付家老として派遣されたのが安藤直次だった。頼宣は、やる気満々の大名なので、紀州に行くといろいろと突飛なことをやった。

部下を近くの紀ノ川で水泳の訓練をさせたり、あるいは全員に乗馬を命じて、真っ先に駆け出したりした。この限りでは、別に諫言することはない。

ところが頼宣はめずらしもの好きで、あるとき長崎の知人から遠眼鏡（望遠鏡）をもらった。喜んだ頼宣は城の天守閣に登ると、この遠眼鏡で毎日城下町を眺めた。そして、人びとの生態を眺めては、ああだこうだと批評していた。このことが洩れた。そのため、

「殿さまは、いつも天守閣から遠眼鏡でわれわれの生活をご覧になっている」

という噂が流れた。家臣だけでなく、町の人びとも非常に息苦しくなった。いつも天守閣から
の頼宣の視線を感ずるからである。

当惑した家臣たちはそろって付家老の安藤のところに行って、

「なんとかしていただきたい」

と申し出た。安藤は、

「わかった」

とうなずいた。

✣アザの教訓

安藤は天守閣に行った。この日も頼宣が相変わらず遠眼鏡を覗いては、キャッキャッと喜んでいた。それを見ると安藤は、いきなり遠眼鏡を奪い取り、床に叩きつけた。遠眼鏡は粉々に割れた。頼宣は怒った。

「何をする！」

と掴みかからんばかりの表情になった。安藤は臆せずに、

「そこへお座りください」

そういった。頼宣は渋った。すると安藤は怒鳴りつけた。

「わたしはあなたのお父上家康公の代理でございますぞ！　お座りなさい」

とカミナリのような声をあげた。頼宣は驚いてそこに座った。安藤はその膝を両手でしっかりと押さえ、懇々と意見した。

「殿が毎日その遠眼鏡で城下町をご覧になるものですから、町の人間たちがみんな息苦しさを感じております。いつも自分たちは見られているという意識を持ち、自由に行動できません。遠眼鏡で他人の生活を眺めるということは、いわゆる下世話に申すノゾキということで、卑しいことでございます。お改めください」

口を極めて意見した。頼宣は初めはふくれっ面をしていたが、ことばの合間合間に安藤が、

「きょうは、家康公の代理で申し上げます」

というものだから、いい返せない。安藤がいうとおり、安藤直次は家康の派遣した付家老だったからである。頼宣のほうも、

「付家老のいうことは、わたしのいうことだと思って聞け」

といわれてきている。

この日、安藤直次は二時間あまりも頼宣に諫言しつづけた。頼宣は途中で痛がった。

「痛い、手を放してくれ」

そう頼んだ。安藤は首を横に振る。

「放しません。我慢しなさい。なぜなら、わたしがこうしているのではなく、おじい様（家康）がこうなさっているのです」

そういって、なおも懇々と諫めつづけた。

やっと安藤が手を放し、天守閣から降りて行った後、頼宣は袴の裾をめくって押さえられた箇所を見た。真っ黒なアザができていた。頼宣は思わず顔をしかめた。その後も頼宣が妙なことをすると、安藤は面を犯して諫言した。そのたびに膝を押さえた。頼宣は痛がった。

やがて安藤が死んだ。頼宣の足には安藤に押さえられたアザの跡が残った。頼宣は風呂に入るたびに、手伝う部下にいった。

「このアザは、安藤のじいが面を犯してわたしに意見してくれたときについたものだ。思えば、あいつの諫言が懐かしい。このごろは、安藤のじいのように思い切ってものをいう人間が少なくなった。みんなものわかりのいい部下になってしまったので、わたしはときどき自分で自分をどう支えていいか迷うことがある」

正直にそんな述懐をしたという。

現在の日本で、各界におけるいろいろな不祥事が報道されるたびに、つくづくと、

「トップと諫言」

を大事にした、唐の太宗や徳川家康のことを思い出す。

チエ伊豆

松平信綱《まつだいらのぶつな》

松平信綱（一五九六〜一六六二）

江戸初期の武蔵国川越藩主。伊豆守。将軍徳川家光・家綱に仕え、老中として島原の乱、慶安事件などを処理。明暦の大火を処理して幕府の体制確立に功があった。「知恵伊豆」と称された。

✢チエを使うにも勇気がいる

「金がなければチエを出せ」という。

チエもただ持っているだけではだめだ。これに勇気が加わると、チエと勇気の相乗効果が起こって、思わぬ力を発揮することがある。

徳川三代将軍家光の時代に、老中で松平信綱という大名がいた。〝チエ伊豆〟と呼ばれていた。かれの官名が伊豆守で、たいへん賢かったからである。

かれが老中に在職中、明暦三（一六五七）年一月に有名な〝ふり袖火事〟が起こった。江戸の町のほとんどが焼けた。江戸城にも火が移った。城内が大騒ぎになった。とくに江戸城の大奥では、女性たちの混乱が極点に達した。

「死ぬぅ！　助けて」

とわめいた。

これを知ったチエ伊豆の松平信綱は、すぐ部下を指揮して、

「各部屋の真ん中の畳を裏返しにしろ。そして、裏返しにした畳の道が庭につながるようにしろ」

と命じた。部下はテキパキと信綱の指示に従った。裏返した畳は、そのまま大奥の入り口まで

つくられた。信綱は大奥に行くと、

「騒がずに、静かに庭へ逃げなさい。各座敷の裏返した畳をたどって行けば、無事に出られる」

と告げた。普段から〝チエ伊豆〟の名を高めている信綱のいうことなので、大奥の女性たちもその言葉に従った。

信綱がいったとおり、裏返された畳の道をたどって行くと、無事に庭に出ることができた。みんな、手を取り合って喜んだ。そして、

「松平信綱さまは、さすがにチエ伊豆と呼ばれるだけのことはあります」

と讃え合った。

焼失した江戸の復興のために、今でいう災害対策本部が設けられることになった。信綱がいった。

「今までなら、本部はこの江戸城内に設けられましたが、今回はあまりにも災害が大きいので特例といたしましょう」

「特例とは？」

大名の一人が聞いた。

「町の焼け跡に本部を設けましょう」

といった。みんな顔を見合わせた。とくに口のうるさい酒井という実力者が、

「町中に本部を設けるなど、先例がない」

といった。信綱はニコニコ笑いながら、

「今は異常のときです。異常のときには、先例を無視いたしましょう」

そう告げた。大名たちは賛成した。こうして、災害対策本部が江戸市中に設けられた。

✣うるさい実力者を微笑で説得

ところが、また問題が起こった。というのは、当時の大名の間では、身分や格式がうるさい。

そして、そのことが具体的に表れるのは、

「誰がどこに座るか」

という席の問題だ。最初に反対した酒井は、この席に対する注文が多い。どんな席でも、自分が一番上座に座らないと気がすまない。私的な懇親会でも、正面の床の間の最上席に座らないと機嫌が悪かった。

江戸市中に設けられた臨時の本部に着いた大名は、仕切っている松平信綱に聞いた。

「ここでは、わたしはどこに座ればいいのでしょうか?」

信綱は、

「先着順に、どんどん奥へお詰めください。非常のときですから」

と答えた。大名たちは信綱の指示に従って、先着順にどんどん詰めて行った。普段酒井が座るべき最上席にも、ある大名が座る結果になった。

かなり遅れて酒井がやってきた。室内をみて眉を寄せた。おや？　という顔をした。自分が座るべき最上席に、ほかの大名が座っていたからである。酒井はたちまち不機嫌になった。そして、

「帰る」

といった。松平信綱が呼び止めた。

「酒井さま、なぜお帰りになりますか？」

「なぜか、聞くまでもあるまい。わたしがいつも座る席に、他の大名が座っている。不愉快だ」

背を向けようとする酒井に、信綱は、

「お待ちください」

と呼び止めた。

「あなたのお席はここにございます」

といって、入り口に一番近いところでまだ空いていた席を示した。酒井はムッとして食ってかかった。

「ばかをいうな。ここは入り口に近く、席は一番下座になる」

「違います」

信綱は微笑みながら首を横に振った。

「どこが違うのだ?」

酒井は聞き返す。信綱はこういった。

「江戸城内では、あなたは大先輩であり、また最高の実力者でありますから、いつも上座に座っていただいております。しかし、ここに設けられた本部は臨時のものであって、江戸城ではございません。どうかここにお座りください」

「いやだ、こんな下座には座れない」

「下座ではありません」

「なぜ下座ではないのだ?」

「酒井さま」

間をおいて信綱はこういった。

「あなたがどこにお座りになろうと、わたくしどもはあなたがお座りになった席を、その場における最上席と考えております」

「?」

酒井もばかではない。自分を見つめる大名たちの視線を熱く感じた。酒井は肩から力を抜いた。やがてニコリと笑った。

「わかった。ここへ座る」

「ありがとうございます」

礼をいった信綱は、全大名に告げた。

「酒井さまが、快く最上席にお着きいただきました。では会議を始めます」

大名たちのすべてが、信綱のチエに感心した。チエだけではない。うるさ方の酒井を下座に座らせた、その勇気にも感心した。

この日の会議で信綱は、

「焼け落ちた江戸城の天守閣は復興しない。その費用で、江戸の市民を救おう」

と決定した。これも勇気のある対策だ。日本の首都である江戸城のシンボルであった天守閣を復興しないということは、それだけ城の権威を落とすことになりかねない。しかし、信綱は踏み切った。この日以来、江戸城には二度と天守閣が作られることはなかった。信綱には、

「天守閣など再建しなくても、今の幕府はビクともしない」

という自信があったのだ。

忠

主人の竹林を守りぬく

天野康景《あまのやすかげ》

天野康景（一五三七～一六一三）
安土桃山・江戸前期の武将。徳川家康に仕え、三河三奉行の一人として民政に活躍。一六〇一年、一万石をあてがわれ、駿河国興国寺藩主となる。一六〇七年、部下が天領の民を殺害した事件の責を負って、小田原の西念寺に蟄居した。

✝秘蔵の竹林に盗人

徳川家康は、今川家での長い人質生活から解放された後、故郷の岡崎城に戻った。人質時代に家康は自分の体験から、

「これからは民衆の暮らしを大切にしなければならない」

と感じた。そこで、日本ではじめての岡崎町奉行を作った。このとき三人の武士を任命した。それぞれ人間性に特色があったので町の人びとはこんな歌を作った。

「ホトケ高力　オニ作左　どちへんなし（どっちでもない）天野康景」

高力清長はホトケのようなやさしい人物であり、本多作左衛門重次はオニのように怖い。天野康景はそのどっちでもないという意味だ。このへんは家康の人事の妙である。

天野康景は岡崎奉行を務めているうちに、竹林を作った。竹は当時いろいろな役に立つ重要な植物だった。康景は、

（竹を育てて、いつでも家康公のお役に立てるようにしよう）

と考えていた。康景の丹精の甲斐あって竹林はしだいに大きく見事なものになっていった。人びとは、

「天野さまの竹林は実に見事で、育つ竹も他に例がない」

と褒め合った。康景は自分の育てた竹林が有名になるにしたがって、盗人を警戒した。そこで部下に交替で番をさせた。

「この竹林は、自分が育てたが自分のものではない。主人の家康公に差し上げるものだ。そのつもりでしっかり見張ってほしい。盗もうとする者はきびしくこらしめろ。抵抗したら斬ってもよい」

といった。番人たちは交替で盗人を防ぐ仕事に務めた。ある夜、盗人が入った。グループだ。番人たちは盗人たちに立ち向かった。ところが、呆れたことに盗人たちも向かってきた。そして、

「おれたちは家康さまの家来だ。無礼をするな」

と威張った。康景の家来たちは、

「この竹林はうちの主人天野さまが家康さまのために育てたものだ。その家康さまの家来が竹を盗みに来るものか。おまえたちはにせ者だ！」

といい返した。そして、盗人の一人を殺してしまった。

✢面子と正義

盗人たちは、本当に家康の家来だった。家康は弱った。というのは、まわりの者が、

「たとえ竹を盗みに入ったとはいえ、天野の家来があなたの直臣を打ち殺したということは許せません。犯人を差し出させて処罰すべきです」

といったからだ。そのころはまだ、家康の直臣と家臣の家来（〝またもの〟といっていた）との間には大きな身分差別があったのである。その意味では、家康の直臣が多少乱暴なことをしても、〝またもの〟は我慢しなければならなかった。今度もその理屈を持ち出したのだ。

家康の意を受けた使者が天野康景のところにやって来た。そして、

「犯人を引き渡してもらいたい」

といった。康景は断った。

「もともとがあのグループが大切な竹を盗みに来たからこういうことが起こったのだ。非はあのグループにある。こちらからわたしの家来は渡せない」

と突っ張った。使者は戻ったが、今度は家康のお気に入りの家臣である本多正信がやって来た。そしてニコニコ笑いながら、

「天野よ、あまり意地を張るな。犯人を差し出せ」

「そんなことはできない」

「クジでも引かせたらどうだ?」

「ばかなことをいうな。クジで犯人を差し出すような真似はおれは絶対にしない」

「おい」

本多正信は急に声をひそめて、上目遣いに康景を見ながらこういった。

「あまり固いことをいわないで、おれの顔を立ててくれよ。せっかくおれがやって来たのだから」

そういった。本多正信は、そのころの自分の立場をよく理解していた。だからかれにすれば、

(家康公最大のお気に入りのおれがわざわざやって来たのだ。顔を立てて、犯人を差し出すべきだ)

という居丈高な気持ちをもっていた。康景はそんなことは百も承知だから、よけい突っ張った。

「これはおまえの顔を立てるとか立てないとかの問題ではない。だいたいあの竹林は、おれが家康公のために大事に育ててきたものだ。それを家康公の家来が夜盗みに来るとはいったい何事だ。竹がほしければ昼間そういえばいい。そうすればおれは喜んで差し出したものを。おれはまして岡崎奉行だ。岡崎の町の治安を守る責任がある。竹盗人の話はもう町中に知れわたっている。それをこらしめたからといって、おれのほうが下手人を出すようなことをすれば町奉行としての資格がなくなる。だめだ。犯人は渡せない。帰れ」

そう告げた。本多正信は、

「そんな固いことばかりいって、おまえはばかだ。固ければいいというものではない。たまに

は柔らかくなって妥協することも必要だ。そんなことではもうこの先の出世はおぼつかぬぞ」

そういう捨てゼリフを残して城に戻って行った。ありのままを家康に報告した。家康は考え込んだ。家康もばかではない。たしかに、今はまわりの者がいうようなルールが作られている。

家康はしかし、

（果たしてルールそのものが正しいのだろうか）

と疑問をもちはじめた。

一方、天野康景のところでは、家来たちが泣きながら康景に迫っていた。かれらもまた、康景が命懸けで自分たちをかばってくれたことを知っていたからである。かれらはかれらなりに、

「竹泥棒をこらしめたことは正しい。しかし殺したことは少しやりすぎだったかもしれない」

と反省していた。だからみんながそろって、

「われわれ全員で城に名乗り出ます。どうかわれわれを突き出してください」

と頼んだ。康景は微笑して首を横に振った。

「それはできない。おまえたちはわたしの命令によって正しいことをしたのだ。もしそれが間違っているというのなら、命令を出したわたしが間違っている。罰されるのはわたしであって、おまえたちではない。おまえたちは竹林を守れというわたしの命令に忠実に従っただけだ。よくやった」

康景のことばにみんな泣き出した。こんな部下思いの主人は他にいなかったからである。

家康は反省した。そこで、もう一度本多正信を呼んでこういった。

「天野を呼んで来い」

「どうなさるのですか？」

本多が聞き返すと、家康はこう答えた。

「おれが謝る。あいつの話どおり、あの竹林はおれのために長年丹精してくれたものだ。それを知らずにおれは部下に盗ませようとした。おれが悪い。あいつに謝る」

「……」

本多は何もいわなかった。しかし家康の態度に感動した。

（このお殿さまはエライ。自分が悪かったと思えばすぐ改める。おれも真似をしなければいけない）

まるで虎の威を借るキツネのように天野康景を責めに行った自分が恥ずかしかった。

しかし本多正信が康景の家に着いたとき、康景はすでにいなかった。置き手紙をして城下町を去っていた。置き手紙には、

「竹林を守れと命じたのはわたしです。部下はその命令に従ったまでです。部下に罪はありません。わたしが責任を取って他国へ去ります。どうか残った部下の生活の面倒をみてください」

そう書いてあった。本多は手紙をもって城に戻った。手紙を読んだ家康は大きく息をついた。

「惜しい男を失った。おれがばかだった」

天野康景はその後関東地方の小さな土地に住んで、余生を終わったという。発見した家康が何度も、

「戻って来い」

といったが、きかなかった。理由は、

「戻れば、殿さまが盗みを働いたということになります」

というものだった。あくまでも天野康景は徳川家康に忠実だった。だからこそ、竹林を守りぬこうとしたのである。

秀吉の母をふるえあがらせる本多作左衛門《ほんださくざえもん》

本多作左衛門（一五二九～一五九六）
安土桃山時代の武将。幼名八蔵、のち作十郎、作左衛門、重次。天文四（一五三五）年より松平清康に仕え、のち広忠・家康に歴仕。永禄八（一五六五）年三月七日、高力清長・天野康景と三河三奉行に任ぜられ、民政・訴訟を沙汰した。はげしい性格から、「鬼作左」と呼ばれた。

✝秀吉の家康抱き込み作戦

明智光秀が織田信長を殺した後、天下は豊臣秀吉が取った。

織田信長の同盟者だった徳川家康は、このことに不快感を覚えた。というのは、秀吉は家康から見れば家来筋に当たったからである。

そこで家康は自分の拠点である浜松城に引きこもり、秀吉にお祝いの言葉も送らなかった。秀吉はこれを気にした。全国の大名たちは、次々と、

「豊臣丸に乗り遅れるな」

といって、秀吉の拠点である大坂城に行ってはお祝いの言葉を述べた。秀吉はニコニコしてこの祝いを受けたが、しかし心は完全に浜松城の徳川家康を気にしていた。世間の見るところ、

「秀吉殿が天下を取ったといっても、徳川家康が祝いに来なければ、その力のほどがしれている」

と思っていた。したがって秀吉にすれば、何としても徳川家康を大坂城に来させなければ、自分の権威が本当のものとはならなかったのである。その意味では秀吉にとって、徳川家康の存在は非常に不気味なものであった。

ずるい秀吉は策を考えた。それは家康がたまたま前妻を失って独身だったので、自分の妹旭

姫を送り込んだことだ。家康は渋々承知した。秀吉は、

「妹を後妻に送り込めば、徳川はおれの義理の弟になったのだから、あいさつにくるだろう」

と目論んでいた。しかし家康はあいさつに行かなかった。知らん顔をつづけた。秀吉は弱った。

そこで今度は、自分の生母である大政所（おおまんどころ）を家康のところに送り込んだ。理由は、

「母親が、妹に会いたがっているので」

ということだ。しかしこれは事実上の人質である。家康は大政所を岡崎城に迎えた。そして部下の本多作左衛門重次に護衛を命じた。このとき家康は部下たちに、

「秀吉がここまで気を使う以上、わたしも大坂に行かざるを得ない。かれの関白就任の祝いに行こう」

と発表した。本多作左衛門は反対した。

✣日本一の勇者

作左衛門には有名なエピソードがある。それは、

「日本一短い手紙」

を書いたことだ。ある合戦の現場から、かれは家人に向かって次のような手紙を書いた。

「一筆啓上　火の用心
　お仙泣かすな　馬肥やせ」

というものである。この中にあるお仙というのはかれの長男の仙千代のことで、女の子ではない。これは本多の、

「日本一気が短い男」

の気性を表すものだ。

　家康が大坂に向かって出発した後、本多は大政所の宿所のまわりに薪の山を積み上げた。みんなびっくりした。

「本多、何のつもりだ?」

と聞いた。本多は、薪の山を見渡しながら、

「大坂で、もし秀吉殿がうちの殿さま（家康のこと）に無礼なことをしたら、おれはこの薪に火をつける」

といった。まわりの連中は目をみはった。

「大政所さまを焼き殺す気か?」

と聞いた。本多はうなずいた。

　このことは大坂にも報告された。家康の耳にも秀吉の耳にも入った。秀吉は弱った。

「岡崎城にはとんだ乱暴者がいる」

と感じた。逆に家康は頼もしく思った。

「本多のような勇者がいてくれるので、おれも堂々と秀吉に立ち向かえる」

と思った。

秀吉は家康に気をつかった。

「徳川殿、わざわざ来ていただかなくてもよかったのに」

と腹にもないことをいった。しかし全大名を集めた場では、秀吉は徳川家康をハッたと睨み、

「徳川三河守、このたびのあいさつ、誠にご苦労である!」

と大声で怒鳴った。その目は怒りに燃えていた。目の底には、

(本多というおまえの部下が、おれの母親を焼き殺そうとしている。おまえは恐喝者か)

という色が浮いていた。

会見は無事にすんだ。しかしその後の家康は、当分自分に天下の目はないと判断し、秀吉に仕えるようになった。

秀吉は本多作左衛門の存在を忘れなかった。大坂に戻ってきた大政所から本多の無礼を聞いた秀吉は、徳川家康に注意をうながした。

力関係で家康はやむを得ず、本多を関東のある地域(現在の取手市)に異動させた。本多は

ニコニコしてそこに赴いて行った。かれは自分の勇気ある行動によって、徳川家康の立場を立派に守ったことに満足していたからである。取手市では重次にあやかって「頑固賞」を設定したことがある。わたしも選者の一人だった。

身を捨てて危機を克服

伊達《だて》政宗《まさむね》

伊達政宗（一五六七〜一六三六）

安土桃山・江戸初期の武将。仙台藩主。隻眼のため独眼竜と称された。出羽米沢を根拠に勢力を拡大したが、豊臣秀吉に服属、文禄の役に出兵した。関ヶ原の戦い、大坂の陣では徳川方に属し、戦後仙台藩六二万石を領した。家臣支倉常長をローマに派遣。和歌・茶道に通じ、桃山文化を仙台に移した。

✣秀吉の計略

豊臣秀吉は関白太政大臣になると、日本平定事業のスピードをさらに速めた。その方法として、かれは日本中の大名に、

「京都に来て天皇に忠節を誓え。そのときに、これからは土地争いのために勝手な合戦はいたしません、と約束しろ」

と命じた。いわば日本国内における私戦の停止命令だ。この命令に背くことは、天皇に背くことになる。

野望家の秀吉にすれば、

「そのときは、その大名を天皇の命令に背く逆賊として武力でこらしめることができる。おれの率いる軍勢は官軍（天皇軍）になる」

ということだ。

このへんはかれの巧妙な戦略である。多くの大名はすでに秀吉の実力を知っていたから、みんなこの命令に従った。

しかし、従わない者もいた。小田原の北条一族や東北（会津）の伊達政宗などだ。かれらは家の格式が高く、歴史が古いので秀吉をバカにしていた。

「秀吉は成り上がり者なので天皇の名を利用している。天皇に忠節を誓えというのは口実で、本当は自分に忠節を誓わせたいのだ」

と考えた。そして、

「秀吉よりもおれのほうがエライ」

と思い込んだ。そのため京都には行かなかった。秀吉はニンマリ笑った。計略どおりになったからだ。秀吉は、

「この際、反抗する大名をまとめてこらしめてやろう」

と考えた。方法は、

・小田原城の北条一族を征伐する。

・この攻撃に全国の大名を動員する。とくにまだ京都に来ない大名を呼びつける。

・もし参加しなければ、その大名を北条氏に味方する者として討伐する。

ということである。

動員令が出されると、大名たちは先を争って参加した。が、参加しない大名もいた。伊達政宗はその代表だ。かれはこのときまだ二〇歳だ。

秀吉は、

「おのれ、会津の若僧め」

と政宗を憎んだ。

しかし、政宗も英雄と呼ばれた人物だ。英雄の資質の一つは、

「時勢をよく見きわめ、そのために情報を集める」

ということである。いろいろ情報を集めた結果、家老の片倉小十郎が、

「くやしいでしょうが、この際小田原に行かないと、伊達家は滅ぼされます」

と諫言した。政宗は、

「もう遅い。行けば秀吉に殺される」

と反抗した。小十郎は、

「その覚悟で行けば道は開けます」

といった。

✣死装束で現れた政宗

そこで政宗は、小十郎他わずかな部下を連れて小田原に向かった。着いても秀吉は怒っていて会わない。政宗たちは村里に監禁された。政宗は死を覚悟した。そうなると心が落ち着いて、ちょうど秀吉の陣にいた千利休に、

「茶道を習いたい」

と頼んだ。利休はこのことを秀吉に話した。秀吉は何？　と目をむき、やがて笑い出した。

「若僧め、味なことをする」

そこで秀吉は、伊達政宗と会うことにした。

その日、政宗は死を覚悟した。

（東北の武将らしく、立派に振る舞おう）

と考えた。髪を切り、白装束を着た。切腹の支度である。秀吉の両脇には大名たちがズラリと並んで、待ちかまえていた。

死装束で現れた政宗をみて、みんなアッと声を上げた。政宗は堂々と歩いて行った。秀吉の前に行くと土の上にひざを着いた。

秀吉は政宗の来るのをじっとにらみつけていた。政宗が頭を下げると、馬のムチで政宗の首を叩いてこういった。

「小僧、もう少しでこの首が落ちるところだったな」

この瞬間、秀吉は政宗を許していた。死を覚悟して、悪びれない政宗の勇気に感心したのだ。政宗は、

「遅くなりまして申し訳ございません」

と、素直に謝った。

小田原へ来る途中や、来てから城を囲んだ軍勢のすさまじさを見て、政宗は、
（秀吉はすごい！）
と正直に思った。
このときの政宗の勇気はいくつかある。それは、
・実際に小田原に来て秀吉の力を知り、東北にいたときの自分が、かなり一人よがりだったことを知ったこと
・普通なら、それでも自分にこだわって秀吉に抵抗するのに、政宗は簡単に降伏してしまったこと
・そして、その降伏も本気で死を覚悟したこと
である。もし政宗の死装束が
（場合によったら助けてくれるかも知れない）
という計算づくだったら、人間通の秀吉に見ぬかれ、その場で殺されてしまっただろう。

立つ鳥あとを濁さず
柴田勝家《しばたかついえ》

柴田勝家（一五二二〜一五八三）

安土桃山時代の武将。尾張の人。織田信長の重臣。通称、修理亮《しゅりのすけ》。妻お市は信長の妹。越前北ノ庄（今の福井市）に拠って北陸を支配。本能寺の変後は豊臣秀吉と対立、賤ケ《しずが》岳《たけ》の戦いに敗れ、北ノ庄で自殺。

秀吉と対立

柴田勝家は、戦国時代の武将で織田信長の父信秀の時代から、織田家の宿将だった。信秀が死んだ後、信長が相続人になることに反対した。信長の行動があまりにも粗暴だったからである。勝家は、

「信長さまはたしかに長男だが、織田家を継ぐのにふさわしくない。弟の信行さまのほうがふさわしい」

といって信行擁立運動を起こした。ところが信長は強引に自ら相続人になり、弟信行を殺した。以後、信長と柴田勝家との関係はどうもしっくりいかなかったようだ。

そういういきさつもあって、信長が本能寺の変で死んだ後、柴田勝家は羽柴秀吉と対立した。秀吉は信長の遺志を引き継ぐのは自分だと自負していた。勝家は、

「後輩の秀吉などの風下に立てるか」

と突っ張り、ついに賤《しず》ヶ《が》岳《たけ》の合戦を起こした。

しかし敗れた。まさかそんなに早く戻って来るまいと思っていた秀吉が、予想外の速度で戦線に走り込んで来たからである。やむなく勝家は、

「本拠の越前（福井県）北ノ庄城にこもって、秀吉と一戦構えよう」

と決意した。その途次、武生《たけお》城に寄った。武生城には、信長が柴田勝家の与力として、能登半島の長尾城主にしていた前田利家がいた。与力というのは、

「主将を補佐して、その方面の軍事・行政の仕事を行え」

と命ぜられた武将のことだ。前田利家と柴田勝家はともに、織田家の宿将だったが、柴田のほうがはるかに先輩だ。利家は、誠実に勝家を補佐していた。したがって今度の賤ヶ岳の合戦でも、当然勝家に味方している。


武生城には利家の息子がいた。そのため利家も賤ヶ岳合戦の敗残の身を、息子の城に寄って癒していたのである。そこへ勝家がやって来た。勝家は敗軍の大将の落胆ぶりをまったく見せずに、ニコニコ笑いながら利家の妻まつに、

「まつ殿、すまぬが湯づけを一杯ふるまってはもらえぬか」

といった。かしこまりましたと、まつが支度に走った。やがて湯づけをつくって持ってきた。食べた勝家は、

「うまい！　じつにうまい。まつ殿の湯づけに勝るものはない」

そんなことをいった。まつはホホホと笑い出し、

「柴田殿は、いつもそんなご冗談をおっしゃって」

とぶつ真似をした。まつは明るい女性だ。勝家も笑った。やがて、勝家は前田利家にこんなこ

とをいい始めた。

「前田殿、長年わたしの与力を務めてくださって大いに助かった。しかしすでに信長公は今は亡き身だ。信長公が命ぜられたおぬしの与力の職も、当然信長公の死によって消えた。賤ヶ岳で敗れたわたしは、北ノ庄城に戻って秀吉ともう一戦構える。が、おぬしはすでに自由だ。進退は思うままにしてほしい」

✣去る前に巣をきれいに

利家は思わず勝家の顔を見返した。その表情の底には、かなり苦悩の色が浮いていた。それはこの城に来たときからまつに懇々と、

「このうえは、秀吉さまにお味方なさい」

と迫られていたからである。まつと秀吉の妻ねねとは姉妹のように仲がいい。そんなこともあって、まつは、

「前田家の将来のためには、秀吉さまに味方すべきです」

と説きつづけた。利家は律義な性格だから、

「そんなことはできない。おれは信長さまから、柴田殿の与力を命ぜられている身だ。たとえ賤ヶ岳の合戦に敗れたとはいっても、柴田殿を見捨てることは武士の道に反する」

と反対していた。まつは現実的だから、

「そんな固いことをいっていると、この世の中では生きぬけませんよ」

と茶化すようにいう。しかし茶化すようないい方はしても、心の中では本気で、

「柴田さまを見捨ててほしい」

と願っていた。そんな前田夫妻の立場は、柴田勝家にはよくわかる。普通の考え方をする武将なら、

「憎い秀吉に一矢報いるために、自分に味方する者は全部北ノ庄城に連れて行こう」

と考えるだろう。ところが、勝家は逆だった。「立つ鳥あとを濁さず」ということばが自分の人生信条として生きていた。

「できるだけ身軽になって、他人に迷惑をかけまい。飛び立つ鳥が、自分の今までいた巣をきれいに掃除して行くようなものだ」

と考えていた。だから、これから将来のある前田利家を巻き添えにして、自分と一緒に北ノ庄城で殺すような真似はしたくないと思っていた。

(北ノ庄城では、おれと忠実な部下だけが死ねばいい)

と考えていたのである。勝家の考えでは、

「前田利家がこだわるのは、おそらく亡き信長公のご命令だ」

と感じた。だから、

「おれの与力を命ぜられた信長公はすでにこの世にいない。この世にいないということは、信長公が亡くなられたときに、あの命令も消えたのだ」

と告げたのである。これは悩む前田利家にとって大きな救いになった。勝家が去るとき、

「では、さらばだ」

と別れのことばを告げると、前田利家は妻のまつとともに正座し、

「柴田殿、さらばです」

と手をついてお辞儀をした。このとき利家はすでに、

（羽柴秀吉の味方をしよう）

と心を決めていた。ということは、この武生城の別れがそのまま柴田勝家を見限る別れでもあった。

北ノ庄城に戻り着いた勝家は、妻のお市に

「娘三人を連れて城を出なさい」

といった。しかしお市は首を横に振った。

「わたくしはかつて浅井長政の妻でしたが、今はあなたの妻です。あなたとご一緒に死にます」

お市には三人の娘がいた。のちの淀君（秀吉の側室）・お初（京極高次の妻）・お江与（徳川

秀忠の妻）である。勝家はお市と相談して、この三人の娘だけは城から出し、秀吉にその将来を託すことにした。

秀吉軍が殺到した。秀吉は一応、

「城を捨てて降服しなさい」

とすすめた。勝家は、

「後輩のサルが何をいうか」

とあざ笑った。秀吉軍は猛攻を開始した。城は炎上した。炎の中で勝家はお市とともに死んだ。

柴田勝家といえば、

「頑固で融通のきかない古いタイプの武将」

といわれがちだ。しかし真実の勝家はこのように、

「他人に迷惑をかけずに、身ぎれいに潔く死んで行こう」

と考える真の勇者であった。

頑

ときにはハッタリも必要
柴田勝家《しばたかついえ》

柴田勝家（一五二二～一五八三）

（一〇九ページ参照）

✝場内の水瓶をすべて割る

柴田勝家は織田信長の宿将だが、〝頑固者〟で知られていた。しかし、かれはなかなかの戦略家でもあった。信長が京都への道をたどるころ、先陣として勝家が先に入り、長光寺城を拠点にした。ところが、反信長の勢いを示す近江源氏の名門、六角承禎が、

「信長を絶対に近江には入れない。そのために、先手として長光寺城に入った柴田勝家を攻め滅ぼそう」

といって、大軍を率いて長光寺城を囲んだ。ところが、勝家は勇猛な大将なので、なかなか城は落ちない。六角のほうでは、長光寺城にこもった柴田軍の数が少ないので、簡単に攻め落とせると思っていたのに予想が狂った。そこで、ずるい六角は、

「和平の交渉をしたい」

といって、平井という武士を使いとして長光寺城に行かせた。実をいえば、平井が六角から命ぜられたのは、

「城内に、水がどれだけ残っているか探って来い」

ということであった。長光寺城周辺には、水がない。したがって、城に貯めてある水が尽きれば、城内の将兵は降参するはずだというのが六角の見通しだった。

平井は城内に入った。柴田勝家は、平井がニセの使者であり、同時に城内の食糧や水の量を探りに来たことを見ぬいていた。そこで、あらかじめ部下に
「平井が来たら、水を惜しみなく使え」

と命じていた。だから平井が必要とする水はもちろんのこと、城内の将兵は馬を洗うのにもふんだんに水を使い、自分たちも手足を洗った。平井は目をみはった。心の中で驚いた。

（城内には、まだまだ水がたくさん残っている）

と判断した。そこで城を出て六角のところに行くと、見たままを報告した。六角は、

「まだそんなに水が残っているのか？」

と驚いた。平井が帰った後、勝家は全城兵を集めてこういった。

「水を存分に飲め。明朝は、こちらから討って出る」

みんなは驚いた。重役が、

「こんなにわずかな人数で討って出ても、たちまち大軍の敵に皆殺しにされてしまいます。このまま城にこもっておりましょう」

といった。勝家は首を横に振った。

「いや、水は残り少ない。水だけでなく、食糧も尽きかけている。このまま籠城していれば、われわれは飢え死にをする。そんな惨めな死に方はしたくない。たとえ皆殺しにあっても、明

朝は討って出る。全員その覚悟をせよ」

そういって、勝家は全将兵に思う存分水を飲ませた。全員が水を飲み終わったのを見届けると、勝家は槍の石突を振って、次々と水を貯めてあった瓶を割った。水がドッと流れ出た。城兵たちは驚いて顔を見合わせた。重役が、

「大将、そんなことをなさってはいけません！」

と止めた。しかし勝家はさらに瓶を割りつづけ、水を放出して、こういった。

「水が残っていれば、まだ籠城できるとわれわれの気がゆるむ。水が全部なくなってしまえば、もはや死ぬ以外われわれの道はないのだと思い込む。それによって、みんなの勇気が百倍するはずだ」

全員この勝家の言葉に納得した。そこでエイエイオゥーと声を上げて、

「あしたは死ぬかもしれぬ。今夜はゆっくり寝ろ」

と命じた。死ぬ覚悟ができれば、怖いものは何もない。全員、

「あしたは、敵の首を一つでも二つでも取って死のう」

心を決めた。そうなると、気持ちが安らぎゆっくり寝られた。

部下の心理を操った

翌朝、勝家のところに兵士の一人が慌ただしく報告に来た。

「どうした」

と聞くと、その兵士は、

「敵軍が見当たりません」

といった。勝家はびっくりした。

「六角勢がいないというのか？」

「さようでございます」

信じられぬ勝家は、城壁のところに行って下を見おろした。思わず眉を寄せた。たしかに六角勢がいない。囲みを解いて、どこかへ行ってしまった。おかしいと思ってさらに情報を集めると、

「城のすぐ間近まで、信長様の軍勢が救援に来ております」

という報告が入った。これを聞くと勝家は思わずホッとした。

「そうか、信長様はわれわれをお見捨てにはならなかったのだ」

とニッコリ微笑んだ。そのとおりだった。やがて馬の蹄の音と、大軍の声がして、信長軍がど

んどん入城してきた。信長は出迎えた勝家に、

「柴田、よく頑張ったな」

と褒めてくれた。そして信長は、

「急いでやって来たので、喉が渇いた。水をくれ」

といった。勝家は苦笑いした。そして、

「水はございません」

と応じた。信長は妙な表情になった。

「水がない？」

「はい、ございません」

「いったい、どうしたのだ」

いぶかしげにたずねる信長に、勝家はこれこれこうでございます、と事情を説明した。聞き終わった信長は、膝を叩いて大笑いをした。そして、

「勝家、見事なハッタリだな」

と笑った。勝家もうなずいた。そして、

「六角が寄越した使者をだますのには、それ以外手がありませんでした」

といった。信長は首を横に振った。

「だまされたのは六角の使者だけではない」

「はあ？」

いぶかしげな表情になって聞き返す柴田勝家に、信長はこう告げた。

「一番だまされたのはおまえの部下だ。瓶を割られて水がなくなれば、いやでも突出する以外ない。おまえは、部下の心理を見事に操ったのだ」

戦略家の信長はそう告げた。柴田勝家は頭をかいた。そして、

「部下をだますつもりはまったくございませんでしたが、なるほどおっしゃられれば、そのとおりでございますな」

今は、二人のまわりに集った柴田勝家の部下たちも、思わず顔を見合わせた。目で、

「信長様のおっしゃるとおりだ。柴田様は、瓶を割ることによっておれたちを励ましたのだ」

と語り合った。

ハッタリ宣言と情愛

徳川家光《とくがわいえみつ》

徳川家光（一六〇四～一六五一）

江戸幕府第三代将軍（一六二三～一六五一）。秀忠の二男。諸法度の制定、参勤交代など諸制度を整備、キリシタンを弾圧して鎖国を断行、以後二〇〇年余にわたる幕府の支配体制を確立した。

✝家光の大芝居

徳川家光は、三代将軍になったときに、全大名を集めてこういった。

「わたしの祖父と父は、あなた方のご協力によって将軍になることができた。そのために、あなた方を同僚として扱い、あなた方が江戸においでになるときは宿場まで出迎えた。しかし、わたしは今後そういうことは一切しない。なぜなら、わたしは生まれながらの将軍だからだ。もしわたしのこのいい方に不満をもつ方は、すぐ国に戻って合戦の準備をされたい。この家光は、合戦の経験はまったくないが、そのような不心得者に対しては必ず討伐軍を差し向け、この家光が先頭に立つ」

大変なハッタリ宣言だ。大名たちは顔を見合わせた。なかには、

「何を生意気な」

と、はっきり聞こえるような大声で文句をいう者もいた。ところがこのとき、

「いやー、お見事、お見事!」

と大声を上げ、持っていた扇子をバタバタさせながら前へ出て行った大名がいた。

伊達政宗である。戦国生き残りの猛将だ。「独眼竜」という異名をとっている。一方の目が失明していたからである。黒い眼帯をかけていた。その猛将が真っ先に前に進み出て、

「お見事、お見事」

といったから、他の大名は政宗に注目した。と、こういった。政宗は家光の前に行くと、こういった。

「実に頼もしいお言葉でござる。あなたのような勇気ある将軍に対して、謀叛を起こすような大名はこのなかには一人もおりません。もしそんな不心得者がいたら、あなたがご出馬になるまでもなく、この政宗が討伐軍の先頭に立ちます。ご一同、いかがか？」

そういって、政宗は今度は大名たちを睨み渡した。大名たちは何もいわずにうつむいた。政宗は、

「このとおりです。大名たちはすべてあなたの部下になりました」

といって自分が真っ先に平伏した。家光は満足した。実をいえば家光も、

「こんなハッタリをいって、大名たちは襲いかかってくるのではないか」

と不安に思っていたからである。しかし家光は、考えに考えぬいたあげく、こういう宣言をしたのである。

✚大名を同僚から部下に

自分でいったとおり、今目の前にいる大名たちは、かつては祖父家康の同僚だった。あるいは先輩だった者もいる。父の秀忠の時代にも、この傾向は続いた。そこで、

「大名たちと仲良くしていこう」

と考えた家康と秀忠は、いま家光がいったように江戸へ大名が参勤してきたときは必ず品川とか板橋の宿場まで出迎えに出た。自分に用があるときは、代わりの者を出迎えに行かせた。つまり礼を尽くしたのである。それを家光は
「廃止する」

と告げた。それは、

「このへんで、将軍と大名との間に主従関係を確立しなければ、いつまでたっても幕府は統制できない」

と家光は考えたからだ。

「徳川時代の諸制度は、すべて三代将軍家光の時代に整備された」

といわれる。大名が一年おきに江戸と領国とを往復する、いわゆる「参勤交代」の制度も、大名の妻子を江戸の屋敷に住まわせるという「人質制度」も、すべて家光のときに確立された。また、法制度も整備された。

父秀忠の時代には、隠居した祖父の家康が実権を放さなかった。家康は、駿府《すんぷ》（静岡）城に拠点をおき、学者・僧・外国人・商人・特別技能者などの彩り豊かなブレーン（頭脳）を集めた。この連中に、

「平和経営のチエを絞れ」

といって、いろいろな政策を立てさせた。これを江戸城にいる将軍秀忠に実行させた。だから「二元政治」といわれた。家康が死んだ後も、秀忠はある部分を継承した。家光はこういう有様を見ていて、

「頭と胴体がバラバラに存在したのではダメだ。つなげる必要がある」

と考えた。したがって、家光の時代には外部のブレーンは一人もいない。かれがブレーンとしたのは、子どものときからの学友である。有能な人材をすべて幕府の最高ポストに任命した。

松平信綱・阿部忠秋・堀田正盛などである。みんな子どものときからの遊び相手であり、学問の仲間だった。こういう連中に、

「自ら政策を立案し、自分で行え」

と命じた。これによって「頭脳と胴体の一体化」が実現したのだ。

貧しても鈍さず
西村左馬允《にしむらさまのすけ》

西村左馬允（?～?）

戦国時代の武士。蒲生氏郷《がもううじさと》の家臣。勇猛で知られる。合戦が集団戦になっても、「個人の能力」を誇示し、しばしば軍令に背いた。しかし主人の氏郷からは、そういう一途な面を愛された。

✣〝一番槍〟で追放

西村左馬允は戦国時代の武士で、近江（滋賀県）日野城主の蒲生氏郷の家臣だった。どんな合戦でも必ず〝一番槍〟をつけるので、ほかの大名家にもその名を知られていた。

ところが、豊臣秀吉が天下人になると、秀吉はこう宣言した。

「これからは、個人の一番槍は厳禁する。合戦は、大名家単位の組織で行え」

これは秀吉の合戦に対する考え方だ。秀吉は、個人が刀や槍を振り回して、

「やあやあ　遠からん者は音にも聞け」

などという、セレモニーやパフォーマンスを行うことは嫌いだった。

「仕事はあくまで組織で行うもの。したがって、組織には秩序がなければならない。一番槍はその秩序を破る一番悪い習慣だ」

と考えていた。

ところが、九州征伐のときに蒲生氏郷の軍勢は突出した。そして、またもや西村左馬允が一番槍で敵を破った。秀吉は怒った。蒲生氏郷を呼んだ。

「あれだけいったにもかかわらず、またおまえの部下が一番槍をつけた。追放せよ」

蒲生氏郷は抵抗した。西村をかばった。しかし秀吉はきかなかった。

「一番槍を禁じたのはわたしの命令だ。それに背いたのだから、罰を与えなければ示しがつかない」

と突っ張った。やむを得ず陣に戻ってきた氏郷は、西村を呼んで因果を含めた。

「かわいそうだが、秀吉公の命令ではおれも逆らえない。我慢して、蒲生家を出てほしい」

「かしこまりました。わたしが悪うございました」

西村はあっさり浪人していった。しかし蒲生家を去るときに西村はこんなことをいった。

「殿、一番相撲をとりませんか」

氏郷と西村は暇さえあれば相撲をとっていたからである。氏郷はニコリと笑った。

「よかろう、とろう」

そういって庭に出た。しかし、いつもと同じで、このときも氏郷は西村に負けた。勝ち誇った西村は明るい表情で蒲生家を出て行った。重役たちが呆れてそのうしろ姿を見送った。

✣変えない大切な初心

一、二年たった。重役がいった。

「そろそろ西村を呼び戻してはいかがでしょうか」

「そうだな。わたしもあいつのことを思い出していたところだ。呼び戻せ」

地方で貧しい生活を送っていた西村は、戻って来た。やつれ果てている。身体もやせ細っていた。心を痛めた氏郷は西村にいった。

「西村、相撲をとろうか」

これを聞くと、西村はパッと目を輝かせた。やせた顔でうれしそうにうなずいた。二人が庭に出ると、重役たちが西村にそっとささやいた。

「西村、きょうは殿さまに勝つなよ。負けろよ」

重役たちにすれば、西村がまた相撲に勝つと氏郷が気を悪くし、せっかく、

「再採用しよう」

と決めた気持ちが、クルリと変わりはしないかと恐れたのである。西村は黙って重役を見返した。相撲が始まった。

「浪人したので、体力も弱まっているだろう」

と思っていた見物人たちは、次の瞬間思わず目をみはった。というのは、やせ細った西村が昔と同じように、いきなり氏郷を投げ飛ばしてしまったからである。氏郷は呆れて西村を見返した。

「おまえには呆れたな。どこにそんな力が残っていたのだ？」

西村はこう答えた。

「いつかもう一度採用していただけると思い、殿のためにお役に立つ力を最後まで保ってきたのでございます」

「そうか、それはうれしい」

土をはらって立ち上がった氏郷は、

「西村、もう一番とろう」

といった。西村はうなずいた。

「西村」

重役たちが、西村をそっと手招きした。近寄る西村にこうささやいた。

「今度こそ負けろよ。決して勝ってはならぬぞ。もしもまた殿を投げ飛ばすようなことがあったら、この再採用の話が御破算になるぞ」

そういわれて西村は、チラリと氏郷を見た。氏郷は黙ってこっちを見ている。西村は重役たちにうなずいた。

「わかりました」

重役たちも西村が自分たちの助言を理解して、今度こそ負けると期待した。ところが、氏郷と組んだ西村は、またもや氏郷を投げ飛ばしてしまった。重役たちは思わず、

「西村のばか者め」

と低い声で罵った。

ひっくり返った氏郷は、西村に手をつかまれて立ち上がった。土を払うと、

「西村、座敷へ上がって酒を飲もう」

と誘った。重役たちは思わず顔を見合わせた。アレッ、と思ったからである。座敷に上がった氏郷は上機嫌だった。西村に酒をすすめながらこういった。

「西村、貧すれば鈍すという言葉を知っているか」

「存じております」

「どういう意味だ?」

「人間は生活が貧しくなると、心まで卑しくなって、いつの間にか自分の大切な能力まで衰えさせてしまうということでございます」

「そのとおりだ」

うなずいた氏郷は、西村の盃に酒を注ぎながらうれしそうにいった。

「おまえは、貧しても鈍しなかった。見事だ」

「わたくしも浪人した後も、いつも殿のことを忘れたことはございません。そして、殿がいつもそのお言葉を口にされていることも忘れませんでした。たしかに、貧しい暮らしを送っているときには、心も卑しくなり、どこか他の大名家に仕えようかと思ったこともありました。家

族が悲鳴を上げるからです。しかし、わたしはそのたびに家族を叱り、必ずもう一度殿へお仕えする日が来るといい聞かせて参りました。ですからそのときに、何よりも大切にしたのが、殿が今いわれた〝貧しても鈍さない〟ということでございます」

「それが、きょう相撲をとってよくわかった。普通なら、再採用されるときには、おそらくわざとわたしに負けるだろう。ところがおまえは、二度までわたしを投げ飛ばした。その心根がうれしい。おまえは貧しても絶対に鈍さなかった。自分というものを大切にしぬいた。褒めてやる」

「ありがたき幸せ」

西村は思わず胸をグッと熱くし、まぶたに薄い涙を浮かべた。蒲生氏郷は常に、

「部下に対しては、給与と愛情が必要である。この二つを車の両輪のようにすべきだ」

といっていた。だから、氏郷を知る他の大名たちは、

「蒲生氏郷は若いけれど、戦国きっての人づかいの名人だ」

と噂していた。西村左馬允は、つくづくと、

（この殿の家臣でよかった）

と、身の幸福を感じた。初心を忘れなかった西村左馬允は、再び採用されてその後も氏郷の忠臣として活躍した。

剣

真の勇気とは柳生宗矩《やぎゅうむねのり》と沢庵《たくあん》

柳生宗矩（一五七一〜一六四六）

江戸初期の剣客。大和国（奈良県）柳生藩主。但馬守《たじまのかみ》。徳川家康に従い、関ヶ原の戦いに活躍。また、徳川秀忠・家光に柳生新陰流を教授した。一六三二年、総目付となって諸大名の動静を監察。

沢庵（一五七三〜一六四五）

江戸初期の臨済宗の僧。名は宗彭《そうほう》。但馬《たじま》の人。大徳寺住職。寛永六年（一六二九）紫衣《しえ》事件で幕府を批判して出羽に流刑。のち許されて家光の信任を受け、江戸品川に東海寺を開く。詩歌・俳諧・茶道に通じ、特に書は茶人に愛好された。

✢血気の勇

柳生宗矩は、後に但馬守になって、三代将軍徳川家光の剣法指南となり、同時に幕府の大目付（監察役）となって力を奮った。かれは、大和国（奈良県）柳生の里の生まれで、父は宗巌（むねとし。号は石舟斎）といった。宗巌は〝剣聖〟と呼ばれたほどの剣法の達人だった。しかも聖の字がつくように、大変な人格者でもあった。里人はみな宗巌を尊敬していた。ところが、その息子の宗矩は、子どものときから乱暴で手がつけられない。それに剣が強いので余計に始末に負えない。二〇歳になったとき、宗巌がいった。

「今のままでは、わたしの後を継ぐことは無理だ。もっと人間的な修行をしなければだめだ。但馬（兵庫県）出石《いずし》に宗鏡寺という寺があって、その住職である希先（きせん）和尚は、わたしが若い頃から指導していただいた徳の高いお坊様だ。この希先和尚を訪ねて、少しは修行して来い」

宗矩は不満だったが、不承不承旅立った。実をいえば、父の宗巌は怒ると恐い。そこで、その言いつけに従った。ちょうど冬から春にかけての時期だった。但馬出石地方には雪が残っていた。川のほとりに出た。ここから渡し船で向こう岸へ着けば、宗鏡寺は近いという。船は出たばっかりなので、宗矩は岸で待った。

岸辺に二人の浪人がいた。目つきが悪い。しきりにこちらを伺っている。戻って来た船に乗って向こう岸へ渡った。宗矩は宗鏡寺へ急いだ。ところが、二人の浪人武士も後から付いてくる。宗矩は振り返った。聞いた。

「何か用か」

「別に」

浪人は顔を見合わせて笑った。妙な笑いだ。目で何かを語り合っている。宗矩は警戒した。歩き出すと、まだ付いてくる。宗矩は振り返った。

「何のためにおれの後を付いて来るのだ」

すると、二人は近づいて来てこういった。

「さっき船賃を払ったときに、おぬしの財布の中を見た。随分入っているな。おれたちに渡してもらおう」

「ばかな」

宗矩は笑った。二人の浪人は笑わなかった。身を引くと構えた。そして、

「黙って渡さなければ殺す」

といった。宗矩は笑い出した。

「馬鹿者、おれの腕を知らぬな」

「おれの腕？　おぬしは誰だ」

「柳生宗矩だ」

「知らないなあ、そんな奴は」

二人の浪人は本当に知らなかった。道脇の野原で、一人の小坊主がせっせと土を掘っていた。こちらの騒ぎなど、まったく気づかぬようだ。ところが宗矩は、妙な虚栄心が湧いて、この小坊主にいいところを見せようという気が湧いた。それには、この浪人を二人とも叩きのめすことだ。そこで宗矩は二人に向き直った。

「いくらいってもわからぬ奴だ。力づくで来るのなら来い」

と足を開いた。

浪人二人は、宗矩を馬鹿にしていた。

「たかが若造だ。刀で脅せば金を出すだろう」

と、まだ金への執着を捨てずに、いきなり声を上げて斬りかかってきた。宗矩は刀を抜くと刃を裏返しにし、二人をたちまち峰打ちで叩きのめした。そして、得意気に小坊主の方を見た。

✣小坊主の苦言

ところが、小坊主は知らん顔をしている。叩きのめされた浪人は、打たれたところを抱えて逃げ出した。宗矩は、どうだといわんばかりに小坊主に近づいて行った。小坊主との距離が三メートルほどに縮まったとき、宗矩は突然声を上げて、パッと宙に飛び上がった。小坊主はびくともしない。せっせと土を掘り続けている。ヒラリと地に降りた宗矩は小坊主に食ってかかった。

「小坊主、おれを殺そうとしたろう」

「べつに」

小坊主は緩やかに首を振った。

宗矩は小坊主の手元を見つめた。

「さっきから土を掘っているが、何をしているのだ?」

「間もなく春がきます。この野にフキノトウが生えるのです。これを掘って寺へ持ち帰り、食料にします」

「フキノトウ?」

呟いて宗矩は呆れた。やっと小坊主が振り返った。そして、にっこり笑うとこういった。

「あなたは強すぎます。もっと弱くおなりなさい」

「何だと?」

「わたしに近づくときに、あなたは宙を飛びました。殺気を感じたとおっしゃいました。わたしにあなたへの殺気などまったくありません。ないものを感ずるほど、あなたはお強いのです。ということは、逆に弱いのです。本当の勇気とは、そういうものではありません。あの浪人たちも、説得すれば納得したでしょう。なぜあんな乱暴なことをなさったのですか。あなたは強すぎます」

宗矩は言葉を失った。そしてハッとした。それは、父の宗厳がまったく同じことをいっていたからである。

「あなたは」

言葉つきを改めて宗矩は小坊主に聞いた。小坊主は答えた。

「そこの宗鏡寺で学ぶ秀喜という僧です。あなたさまはどちらへ?」

「その宗鏡寺へ行くところだ」

「ではご案内しましょう」

案内する途中も、秀喜(後の沢庵)はさっきと同じように、

「強すぎます。もっと弱くおなりなさい。それが本当の勇気です」

と語り続けた。宗矩はうなだれた。そしてつくづく、自分のいたらなさを感じた。

この小坊主が後の沢庵である。そしてこのエピソードは、吉川英治さんがその著『宮本武蔵』のなかで、武蔵と日観というお坊さんの話に仕立て直している。

批判を討議のテキストに
堀秀政《ほりひでまさ》

堀秀政（一五五三〜一五九〇）
安土桃山時代の武将。美濃斎藤家臣から織田信長に仕え、近江長浜城主となる。のち豊臣秀吉に属し、近江佐和山城九万石を領した。小田原の役には先鋒として出陣するが、陣中で病のため死去。通称は久太郎。

✢批判の立て札

堀秀政は、戦国時代の武将で、織田信長、その息子信忠、豊臣秀吉の三代に仕えた。名を久太郎といったので、主人から「久太郎、久太郎」といって可愛がられた。

しかし戦場では抜群の功績を立てるので、わずか一八歳のときに信長から二万石の領地をもらった。信忠からは二九歳のときに五万石に増額された。そして秀吉からは、近江佐和山で一八万石、さらに越前北の庄で三〇万石の大名にとり立てられた。

三八歳のときに、秀吉の小田原北条氏攻めで勇敢に戦ったが、病気になり陣中で死んだ。生涯を、いつも太陽の輝く場所を生きぬき、トントン拍子に出世した人物だったといっていい。

そういう秀政を妬んでか、佐和山城だったか北ノ庄城だったかに入ったときに、まもなく城の前に一本の立て札が立った。秀政の政治・行政を批判する文章が、箇条書きに書かれてあった。発見した武士が怒って立て札を引き抜いてきた。そして秀政に、

「けしからん仕業です。犯人を捜し出してきびしく罰しましょう」

と怒った。

ところが、秀政はニコニコ笑って、

「その立て札を見せてみろ」

といった。立て札を読んだ秀政はやがて、

「ここに書かれていることの大半は正しい」

といった。みんなびっくりして顔を見合わせた。

秀政は、重役にいった。

「暇のある武士を大広間に集めろ。この立て札に書かれていることをみんなで討論しよう」

重役は変な顔をした。

秀政は多くの武士を大広間に集めて、立て札を掲げながら立って説明した。

「これから討論会を開く。議題はこの立て札だ。ここに書かれている批判が、正しいか正しくないか論議しよう。それぞれ意見をいえ」

一項目ごとに、秀政が司会を務めて武士たちに議論させた。「その項目は正しい」「その項目は書いた奴が間違っている」などという議論がされた。

秀政は、そのたびに「なぜ正しいのだ?」あるいは「なぜ正しくないのだ?」と、発言者にいちいち証拠を求めた。発言者たちは真剣になった。いい加減なことをいうと、秀政にすぐ、

「そんな思いつきではダメだ。はっきりした証拠を示せ」

といわれるからである。

初めのうちは、武士たちもすべてが、

「こんな立て札を書いた奴はけしからん。すべて反論してやろう」

と思っていた。しかし議論を続けているうちに、

「この項目は、こっちが間違っているかもしれないな」

と思うことも出てきた。つまり、

「城に入ったばかりで、この土地に住む人々の実情と気質をよく知らないためだ」

と思い当たるようなことがあったからである。

秀政は喜んだ。武士たちの議論が次第に「感情論を抜きにして、現実に直面した論争」に変わったからである。

結論が出た。秀政は字のうまい武士を呼んで、

「これからオレがいうことを新しい立て札に書け」

といった。

✢批判者に謙虚に答える

秀政は、

「立て札を書いた者にお答えする」

と前置きをまず書かせた。そして、

「最初の項目については、おぬしのいうとおりだ。城の方が改める」

といった。筆を走らせる武士は、思わず顔を上げて秀政を見た。目で、

「そんなことを書いてよろしいのでしょうか?」と聞いていた。秀政はうなずいた。

広間の武士たちも騒ぎ出した。

「投書した奴のいうことを認めれば、いよいよ城の権威が落ちてしまうのではないか」

とささやき合った。しかし秀政は平気だった。続けた。

「二番目の項目については、城の方が正しい。おぬしが間違っている。もう少しよく調べてからこういう批判を書くようにしてもらいたい」

これには、広間にいた武士たちもドッと声を上げた。しかし秀政はその次の項目については、

「この項目もおぬしが正しい。今後改める」

といった。こういうようにして秀政は次々と、一項目ごとに明確な回答を出した。全部済むと、秀政は、

「今夜、この高札を城の前に立てろ」

といった。聞いた武士の中には、

「この高札はオトリでございますか。犯人を捕える手段でございましょう」

といった。秀政は笑った。

「そんなことはしない。オレは正直に、この批判者に答えたいだけだ。だから、高札を立てたら番人を側に付けることなどやめろ。批判の高札を書いた者が読めればそれでよい」

そういった。

深夜、秀政が命じた回答書が立てられた。番人は付けられなかった。そして翌朝、秀政が立てさせた高札の脇にもう一本新しい高札が立てられていた。それには、

「おそれ入った。堀様のご政道は正しい。あなたが、お若いのにもかかわらず次々と有力な大名にとり立てられる理由がよくわかった。今後のご活躍を祈ります」

という意味のことが書いてあった。読んだ秀政はニッコリ笑った。

「見ろ。批判者もさすがに深追いはしない。この男もなかなかの人物だ」

そう告げた。秀政は若いけれどもこのように謙虚だった。つまり、

「自分への批判を真正面から受け止める。そして、それを今後の政治・行政の参考にする」

という態度を貫き続けた。同時に、

「批判されているのは、自分だけではない。家臣も批判されているのだ。それなら、全体討議にかけよう。そのときのテキストに、この批判を用いるのだ」

という、今でいえば〝世論と行政のフィードバック〟を考えたのである。小田原の陣でわずか三八歳で死んだとき、秀吉は号泣したという。その気持ちもわかるような気がする。

国のために私を捨てよ

北条時宗《ほうじょうときむね》

北条時宗（一二五一〜一二八四）
鎌倉幕府八代執権。時頼の子。通称、相模太郎。文永・弘安の二度の元寇に際し、強硬に幕政を指導して防衛に成功。また、禅宗に帰依して宋から無学祖元《むがくそげん》を招き、円覚寺の開山とした。

✣元寇が生んだ「国民意識」

〝いざ鎌倉〟という言葉がある。鎌倉というのは、将軍・執権・鎌倉幕府などのことをいう。つまり、

「将軍や鎌倉幕府に何かあったときは、すぐ駆けつけて忠節を尽くす」

ということだ。これを諸国の武士は「御恩と奉公」といってきた。

御恩というのは、鎌倉幕府が自分のもっている土地の所有権を保証してくれるということであり、奉公というのはそれに対して、鎌倉に何かあったときはお返しをするという意味だ。

このころの武士の価値観は、すべて「一所懸命」といわれた。一所とは土地のことであり、懸命とは、「命をかけて所有地を守る」ということだ。つまり、日本人にとっては、土地が最大の価値をもつ宝物だったのである。だから〝一生懸命〟という言葉の使い方は、本当は誤りだ。

したがって、執権政治が行われるようになってからも、日本の武士の拠り所はすべて鎌倉幕府だった。当時、日本という国も、あるいはそこで暮らす人々にも国民という意識はない。住む地域がすべてだった。それを根底から覆し、改めたのが執権だった北条時宗である。改めた理由はいうまでもなく、〝モンゴル（元）の日本襲来〟であった。

〝モンゴルが日本を襲ってくる〟という噂は、時宗の父、時頼の時代からあった。これは日本

らされた。

に来ている中国からの亡命僧や、博多に拠点を構える華僑（中国の海外居留民）などからもたらされた。

鎌倉時代のお坊さんは、単に宗教上の知識者だけでなく、情報の伝え手でもあった。しかし幕府は、この情報を国民に公開はしなかった。特に時宗は、モンゴル来襲に際して、

「これを防ぐのは武士の責任である。一般国民に迷惑をかけてはならない」

と考えた。が、当時の北条家内部も派閥争いでもめにもめていた。諸国の武士たちもこの状況を見て、

「いったい誰を頼れば、自分のもっている土地の所有権を保証してくれるのだろうか」

と不安に思っていた。この不安が諸国で〝土地争い〟を生んだ。モンゴルの来襲がいよいよ近くなったときに、時宗は悩んだ。

「こんな状況で、はたして国を防げるのだろうか」

と、場合によっては日本がモンゴルに滅ぼされてしまうのではないかと心配した。そこで、かれは、諸国の武士にこう告げた。

「今までのように、一所懸命の考えによって土地争いをしてはならない。この際、天下（日本）の大難を考えないのは、はなはだ不忠なことだ。全国の武士は心を改めて、地域の指揮者の命令に従い、この国を守れ」

内憂と外患

この言葉には、いくつかの意味がある。それは、

「一所懸命の思想にもとづく私有地争いはやめろ」

ということと、もう一つは、

「モンゴルの来襲を、日本全体の国難と考えよ」

ということだ。当時の時宗の立場にすれば、北条家内部の争いと、諸国の武士の土地に対する欲望はそのまま「内憂」である。そして、モンゴルの来襲は「外患」だ。内憂外患が同時にやって来た。そこで時宗は、

「内憂を解決するためには、外患を利用しなければならない。そして外患を防ぐためには、内憂を解決しなければならない」

と考えた。それを「日本の武士の意識変革」によって行おうとしたのである。意識変革とはいうまでもなく、

「私有地争いをやめて、もっと国家意識をもってほしい。国民のために立ち上がってほしい」

ということだ。

もう一つ大事なことがある。それは時宗が、

「モンゴルの来襲は、武士たちだけで防ぐ」

という考えを明らかにしたことだ。国民を兵士として動員してはいけない。かれの政治思想は「寄らしむべし、知らしむべからず」であった。現在では、こんなことをいえば「非民主的だ」と非難される。が、この言葉はもともと孔子が「論語」の中でいった言葉だ。そして、つきつめて考えてみれば、

「政治家がいい政治を行っていれば、国民は自分の生活に没頭することができる。余計な情報などもらわなくても、毎日を幸福に過ごせる」

という意味にとれる。であれば、本当の政治の姿とはそういうものではなかろうか、と時宗は考えた。

「たとえモンゴルが来襲しても、これは政治を預る武士によって防ぐ。国民に余計な心配はかけない」

と思った。だから、今でいう情報の公開も行わず、国民の国政への参加も求めなかった。

「あくまでも武士が立ち上がって、命を捨てて防ぐのだ」

と意気込んだ。

モンゴルは二回やって来た。文永一一年（一二七四）一〇月と弘安四年（一二八一）五月のことである。最初は、元と高麗の連合軍だった。二回目は元・高麗連合軍に、滅びた南宋の軍

勢が加わっていた。
しかし、二回とも不思議なことに大きな風が吹いて、来襲軍の艦船がほとんど沈没した。来襲軍は故国に引き揚げた。文永一一年のときには、時宗はまだ二三歳であり、弘安四年のときは三〇歳である。かれの決断によって日本は救われた。当時の人々は「神風が吹いた」といいあった。

このとき時宗は、日本で初めて「国家意識と国民の存在」を告げた。しかしこれは、日本全体の世論とはならず、武士たちは相変わらず土地争いを続けて、やがて南北朝の争乱に突入していく。南北に別れて戦った日本の武士たちも、結局は「一所懸命の思想」を克服することができなかった。一時期、南朝を打ち立てた天皇政府も、結局は恩賞としての土地配分の不公平によって、たちまち勢いを失ってしまう。

時宗が主張した「国のために私を捨てよ」という考えは、筋が通っていても、なかなか実行はできなかったのである。つまり、今でいう、「総論賛成、各論反対」ということであろうか。

沈黙の重さ

前田利家《まえだとしいえ》

前田利家（一五三八～一五九九）

安土桃山時代の武将。加賀藩主前田家の祖。尾張の人。幼少より織田信長に仕える。賤《しず》ケ岳《がたけ》の戦いでは柴田勝家についたが、のち豊臣秀吉に仕え、秀吉没後は五大老の一人として豊臣秀頼を補佐し、豊臣・徳川の融和に努力。

✢正義感が招いた不遇

「タリバン」に関する本を読んでいたら、アフガニスタン人の気質について、こんなことが書いてあった。

「アフガニスタン人は、我慢強い。とくに、肉体上の苦痛についてはうめき声も上げない。考えてみると、どうもその原形は日本の武士にあるような気がする。日本の武士は、余計なことをしゃべらずにただじっと我慢して忠に準ずる。つまり沈黙と忍耐が大きな要素になっている。これがアフガニスタン人には好まれているようだ。だから、沈黙と忍耐の実行者こそ勇者だという認識があるようだ」

思い当たらないことがないでもない。かつて、アメリカのミステリー作家レイモンド・チャンドラーはこういった。

「男は強くなければ生きられない。男はやさしくなければ生きる資格はない」

わたしの好きなことばである。

前田利家は若いころから正義感が強かった。かれは主人織田信長の側近として活躍した。ところが信長が可愛がっている茶坊主に十阿弥（じゅうあみ）という男がいた。これが性根の悪い奴で、自分に金品をくれたりするような者は、信長に褒めことばで伝える。ところが知らん顔

をしていると、

「あの人間には気をつけてください」

と信長に悪い告げ口をする。これが評判になった。前田利家たち正義感の強い青年たちが集まって相談した。

「十阿弥の奴はけしからん。あのままにしておくと、信長様もあいつの口先に丸めこまれてしまう」

信長の気質をよく知っている利家は反対した。

「信長様は、そんなお人ではない」

しかし、正義派の連中は承知しない。結局、

「織田家のためにならない。十阿弥を斬ろう」

ということになった。誰が実行者になるかということになると、みんな意見は、

「それは前田に限る」

と利家に実行を押しつけてしまった。利家はもともと男気の強い人間だから、みんなから頼まれれば嫌とはいわない。〝わかった〟といって、ある日十阿弥を待ち構えていた。そして、たまたまゆき合った十阿弥を、

「この奸物め！」

と抜き打ちに斬り殺してしまった。この光景を、城の櫓の上から織田信長が見ていた。驚いた。そして自分の可愛がっていた十阿弥を斬ったのが前田利家だと知ると、脇の重役にいった。

「十阿弥をいきなり斬り殺すとはけしからん。利家を放逐しろ」

重役は何かいいかけたが、信長が恐ろしい形相をしているのでそのまま黙った。下に降りて来て、このことを利家に伝えた。利家は櫓の上を見上げた。信長が見おろしていた。その眼が燃えている。利家は抗議しようと思ったがやめた。そのまま首をたれて城を出た。利家は浪人した。

✢沈黙に秘めたる忠義

このころのことを、後になって利家は思い出として次のように書いている。

「不遇になると、人間の本当の気持ちがわかる」

こう前置きして、〝浪人した後の自分に対する反応〟として、次のように分類している。
一　かねてから自分に敵意をもっていたので、信長様から放逐されたことを「ざまあ見ろ」といって、喜んだ者
二　「利家のやつは、信長様を恨んでいるのではないか。そうだとしたら、それを探って信長様に報告してやろう」と探りにくる者

三　昔、自分に面倒を見てもらったので、本当は訪ねて行きたいのだが、今の状況ではなかなかそれがむずかしいという、いいわけの手紙を寄越す者

四　自分が不遇になっても、昔と同じように自分のことを心から心配してくれる者

何となく、今の世にも通ずるような反応だ。利家はさすがに人間通だ。そして最後の、

「変わらずに自分のことを心配してくれる者」

という人物として、柴田勝家や木下藤吉郎（豊臣秀吉）をあげている。利家は織田家で、〝槍の又左衛門（利家の通称）〟として勇名を馳せていた。合戦のときに、利家が飛び出して行くと敵方では、

「槍の又左が来た、逃げろ！」

といって恐れをなした。浪人してみると、あのころが懐かしい。ある日、例によって訪ねて来た柴田勝家と木下藤吉郎にこのことを話した。二人は顔を見合わせた。木下がこんなことをいった。

「それほど槍に未練があるのなら、これから信長様が合戦に出陣なさるときに、そっと参加しろ」

「そっと参加しろとは？」

「合戦の度に手柄を立てることだ。しかし、のこのこ信長様の前に出てはいけない。チラリと

信長様の前を走りすぎるようなことをしてみろ」

「？」

利家は考えた。今まで利家は信長に対して何の弁解もしなかった。自分に対して「ざまあを見ろ」と罵《ののし》る者や、「おまえは、さぞかし信長様を恨んでいることだろう」と探りに来る者に対しても、何もいわずにただ沈黙で応じた。利家は、

「武士にとって大事なのは、沈黙以外ない。弁解などするのは見苦しい」

と思っていたからである。しかし、柴田勝家と木下藤吉郎は、

「ただ黙っているだけでは、お前の誠意は信長様に通じないぞ」

というのだ。だから信長が合戦に出る度に、そっと参加して槍で手柄を立てろというのである。が、

「手柄を立てても、それを誇って信長様の前に自慢しに出てはいけない。チラッと走り抜ける姿を見せるだけにしろ」

そうチエをつけた。二人の友情に励まされて、利家は以後信長が出陣する度にそっと参加した。そして敵の首を取っても信長の前には行かずに、首を草の中に投げ捨てたまま、チラリと本陣の前を走り抜けた。信長は初めのうちは気がつかなかった。が、やがて気づいた。

ある日、脇にいた柴田と木下に、

「今、走り抜けたのは利家ではないのか?」

と聞いた。二人はサアーととぼけた。以後、信長は注意して前方を見るようになった。そしてある日、走り抜けたのがはっきり前田利家だということを知った。信長は苦笑した。つぶやいた。

「イヌめ(利家は犬千代というので、信長からこういう愛称で呼ばれていた)」

信長はさっと柴田と木下のほうを振り向いた。

「きさまたちがチエをつけたな」

「いえ、とんでもない!」

二人はあわてて宙で手を振った。が、信長はニヤニヤ笑っていた。こう告げた。

「二人の友情に免じてイヌを許してやる。明日から、昔のように出仕しろと伝えろ」

「は、ありがたき幸せ」

柴田勝家と木下藤吉郎はうれしそうに顔を見合わせた。こうして、沈黙の勇士前田利家は、再び信長のもとに出勤するようになった。

風

物事は複眼で見ること
太田道灌《おおたどうかん》

太田道灌（一四三二〜一四八六）

室町中期の武将・歌人。長禄元年（一四五七）江戸城を築く。扇谷《おうぎがやつ》上杉家の執事であったが、誤解されて主君定正により暗殺された。軍法に優れ、和漢の学を修め、和歌に秀でた。

✢手のつけられない悪童

太田道灌は、戦国時代の名将で、また歌道に明るいために〝風流大名〟とも呼ばれた。応仁の大乱で京都は焼け野原になり、多くの人が焼け出された。その中に、日本文化の担い手としての文化人もたくさんいた。これらの人々は、

「東国の江戸城に、太田道灌という風流大名がいる」

といううわさを聞き、先を争って江戸にやって来た。太田道灌はまさに〝風流大名〟の名に値するような、諸芸道に通じた人物だった。ところが道灌は、皆にほめられると、

「今でこそ、皆様からそんなご評価をいただいておりますが、子どものころのわたしはいたずら小僧で、父から手のつけられない悪童だといわれたものです」

と笑った。道灌は京都からやって来た文化人たちに次のような話をした。

「わたしは、幼年時代から才気走り、こましゃくれていたので父をはじめ、まわりの人に嫌われました。父はこんなことでは、太田家の相続人にするわけにはいかないといって、わたしを鎌倉のお寺に小僧に出しました。しかし、わたしがお寺で学んだのは、お経や儒学だけでなく、軍学もずいぶん学びました。とくに中国の軍学を学んでいるうちに、いろいろなことを悟りました。とくに、物事は一面で見てはいけないということを知りました。すべて物事には表と裏

があるということです。したがって、この表と裏をよく見極めた上で、自分はどっちを信ずるのかという決断が必要だということです」

父は、家に戻って来た少年道灌に、鎌倉のお寺で学んだことをどれだけ身につけたか、試そうとした。少年道灌を呼んでこう告げた。

「得てして、頭のよい者は偽りごとが多い。偽りごとが多ければ、やはり災いを招くということになる。だから、人間は正直でなければならず、常に誠を尽くさなければならない」

そういって、父の太田資清は脇に立てた障子を示した。

「たとえばこの障子のようなものだ。障子はまっ直ぐだからきちんと立っている。おまえも障子のようになりなさい」

と告げた。ところが、少年道灌は父の話を聞いてニヤリと笑った。父は目をむいた。

「何がおかしい？」

「父上のお話は、一面的だからです」

「どこが一面的なのだ？」

息子にやり込められて父はカッとした。少年道灌はつかつかと立ち上がって屏風の側に行った。そして、屏風をまっ直ぐに伸ばした。すると屏風はその場に倒れてしまった。少年道灌は得意気にいった。

「屏風は、曲がっているからこそ、きちんと立っていられるのです。屏風をまっ直ぐにすれば、このように倒れてしまいます」

そういうとスタスタと自分の部屋に戻ってしまった。残された父の資清は、

「あの小わっぱが！」

といきり立った。が、考えてみれば、道灌のいうのも正しい。たしかに障子はまっ直ぐだからこそ立つ。が、すべてのものにその原理が応用できるわけではない。屏風は折れ曲がっているからこそ立っている。これをまっ直ぐ伸ばしてしまえば倒れてしまう。

「なるほどなあ」

父の資清は、少年道灌のいったことを思い出して思わず苦笑した。そして、あの息子はまったく手がつけられない、と感じた。この話を聞いた京都の文化人たちはいっせいにドッと笑った。顔を見合わせて互いに、

「さすがに太田殿は、子どものときからそのように頭が鋭かったのだ」

とうなずきあった。

✣一枝のやまぶきの花

ところが、道灌はこんなことをいい始めた。

「が、成人したわたしは逆に失敗をいたしました。自分の無学無教養ぶりをいやというほど思い知らされたことがございました」

道灌は話した。道灌は狩りが好きだ。よく武蔵野に馬で出かけては狩りをする。ところがあるとき、狩りの途中で急に雨が降ってきた。身を隠す場所がない。そこで道灌は一軒の農家を発見すると、そこへ行って、

「雨具を貸してほしい」

と頼んだ。が、応対に出た農家の娘は困惑して顔を赤らめた。やがて、一枝のやまぶきの花を差し出した。道灌は首をかしげた。雨具を貸せというのに、やまぶきの花を差し出すとはどういうことかと訝《いぶか》しんだからである。

城に戻ってこの話をすると、歌に詳しい老臣がこんな話をした。

「その娘がいうのは、おそらく古歌の『七重八重花は咲けどもやまぶきの実（み）のひとつだになきぞ悲しき』ということですね。殿にお告げになったのでございましょう」

「どういう意味だ？」

道灌が聞くと、老臣はこう応じた。

「貧しくて、雨具の蓑《みの》ひとつだにない暮らしでは、蓑という雨具の用意もないので、お貸しすることができずお恥ずかしい次第でございます、ということでしょう」

「なるほど」

道灌はそれまで仕事一途に生きてきた。つまり武術中心に活躍してきた。が、

「それだけではダメだ。人間には、風流心がなければ仕事も生きてこない」

ということを悟ったのである。

「以後、わたくしは歌道に没頭し、武芸のほかに文学の素養を身につけることに努力した次第です」

道灌はそう締めくくった。京都からきた文化人は、なるほどとうなずいた。

登山と下山の心得

寺沢広高《てらさわひろたか》

寺沢広高（一五六三〜一六三三）

安土桃山時代の武将。豊臣秀吉に仕え、秀吉の朝鮮出兵により肥前名護屋城の普請などを担当。慶長元年（一五九六）、家督を継ぎ、所領は加増され八万石となる。また、同七年まで一一年間秀吉の直轄領の長崎奉行として対外交渉に当たった。関ヶ原の合戦の戦功により、肥後天草四万石を与えられ、計一二万石の大名になる。

✢悟りは民の利益のために

禅のことばに、

「百尺竿頭《ひゃくしゃくかんとう》一歩を進む」

というのがある。これは、

「禅の修行で、悟りを開いたら、そこに安住することなく、さらに一歩を進めなければならない」

という意味である。しかし一歩を進めるというのは、さらに上に行くということではなく、逆に、

「下に降りて行く」

ということだ。しかも下に降りるということは、

「乱れた世を救い、民の利益を考える」

という済世利民のことである。

戦国時代から江戸初期にかけての肥前（佐賀県）唐津藩主に寺沢広高という人物がいた。豊臣秀吉に愛され、のちには徳川家康にも信用された。長崎奉行なども務めた。なかなかの努力家で、常に、「自分を磨く」という立場をとり、禅の修行を行っていた。よくまわりの者にこう

いった。

「禅を修行して悟りを得たと思っても、それは決して自分のためではない。民のためだ」

そういって寺沢広高は、

「だから禅を修行するということは、山を登るようなもので、努力して山頂に達するということだ。しかしたとえ山頂で悟りが得られたとしても、そこに安住するわけにはいかない。すぐ山を降りることが大切だ。なぜ降りるかといえば、山頂で得た悟りを民のために活用するためなのだ」

と告げていた。かれは唐津藩主になったときに、海に突出した岬の上に城を作った。岬の両側は白い砂浜が続いている。広高はこんなことをいった。

「城は、鶴の頭と胴体だ。両側の白い砂浜は、鶴が広げた翼だ」

かれは城の天守閣に登って、よく領内の様子を見た。こんなことに気がついた。それは玄界灘から強い風が吹いてくると、砂浜の砂が舞い立って、近くの農地を徹底的に痛めつけていたことである。広高はすぐ、

「これでは、農民が迷惑する」

と感じた。そこで城の役人たちに命じ、

「農民と一緒になって、防風（砂）林を作れ」

と命じた。防風林は松の木を植えることによって作られた。しかしその松の木も、一重ではなく、幾重にも列を作る重層の防風林だった。効果はたちまち現れた。この防風林によって、海から飛んでくる砂が塞がれ、農民たちは大いに助かった。農民たちは広高に感謝した。やがて松の木が大きく育ち、砂の被害もなくなると、この松林は住民たちの憩いの場所になった。そこで二里の松原がやがて、〝虹の松原〟と呼ばれるようなった。現在も、佐賀県の有数な観光資源になっている。とくに晩秋のころ、この松林の所々に植えられたハゼの紅葉は抜群である。

✢やがて天草の一揆が

このように、自分の生涯学習の成果を民を愛することに振り向けた広高は、暇さえあれば城の石垣の上に登って、領内を見渡していた。これを知った息子の堅高《かたたか》が、笑いながらこういった。

「父上、領内をご覧になるのなら天守閣の上がよろしゅうございましょう。全貌がよく見渡せますよ。反対に、民の暮らしをもっとよくお知りになりたいとお思いなら、城の下の櫓からご覧になったほうがよろしゅうございましょう」

これを聞いた広高は首を横に振った。息子に微笑んでこう応じた。

「お前のいうことも一理ある。しかし天守閣の上では、全貌はよく見渡せても、細かいことがよくわからない。民がすべて豆粒のようになってしまうからだ。反対に城の下にある櫓の上からでは、下を通る住民たちが気にする。上から領主が見ていると思えば、動きが硬くなって、自由さを失う。だから、全貌と個別なことを知るのにはこの石垣の上がちょうどよいのだ」

父の言葉が堅高にはよくわからない。それは堅高は、

(自分の方が正しい)

と思っていたからである。

大坂の陣のとき、徳川家康に味方した寺沢家は、天草にさらに四万石の飛び地(本国から遠くはなれた領地)をもらった。広高はここに代官をおいた。そして、

「よく民の暮らしの実態を見きわめて、年貢を徴収するように」

と命じた。だから広高が生きていたころは、飛び地の天草の治政もうまくいっていた。

ところが広高が死んで堅高の代になると、この飛び地の状況が次第に険悪になってきた。それは、島の住民のほとんどがキリシタンだったので、息子の堅高は禁令をきびしくし、

「キリシタン信仰をやめろ」

と迫った。もう一つは検地をきびしくして、

「さらに年貢の増額を行え」

と命じたからである。堅高は現地に行かずに、本国の唐津城にいて、代官を急き立てた。代官

にしても、

「一日も早く唐津城に戻りたい」

と考えている。現代でいえば、

「地方勤務になった管理職が、一日も早く本社に戻りたい」

と考えるのと同じだ。そうなると、どうしても実績を上げることが早道になる。したがって、代官はキリシタン禁止と年貢の増徴に異常な努力を払った。いってみれば、先代の広高は、

「民の暮らしをほどよい距離から見つめる」

といって、天守閣の上でもなく、櫓の上でもない石垣の上から監察した。ところが息子の堅高は、代官に対し、

「民の暮らしがよく見える櫓の上から指揮をとれ」

と命じたのである。天草の住民はやがて一揆を起こす。

　息子の堅高には、父がいった、

「まず、自分を磨くために登山をしよう。山頂に到達したら、今度は下山する。しかしその下山は民のためなのだ。ということは、山を登る（修行する）ということも、結局は民のためなのだ。自分のためではない」

　という基本的な態度が欠けていたのである。

日本には南北もある

角倉了以《すみのくらりょうい》

角倉了以（一五五四〜一六一四）

安土桃山時代の豪商・土木事業家。京都の人。豊臣秀吉に朱印状を得て安南・東京《トンキン》との朱印船貿易に活躍する。また、大堰《い》川・富士川・天竜川・高瀬川など国内諸河川の開発も積極的に行った。

✝財はなしたが……

コロンブスの卵ではないが、新しい事業を興すときには〝発想の転換〟が必要だ。しかし、それを実際に行動に移すには、かなり勇気がいる。つまり、新しいことは必ず〝三つの壁〟に妨げられるからである。三つの壁というのは

・モノの壁（物理的な壁）
・仕組みの壁（制度的な壁）
・こころの壁（意識的な壁）

のことだ。とくに、最後の〝こころの壁〟をぶち破るのはなかなかむずかしい。

角倉了以は、戦国末期から江戸時代初期に生きた京都の豪商だ。家業は土倉業（金貸し業）だった。財を成した。しかし了以は、次第に生きがいを失った。それは、

「金貸しは確かに必要な職業だが、自分が何もしないで質物を取って、利子を取っているだけの暮らしでは味気ない」

と思い始めたのである。そこで、

「少しは世の中に役立つような仕事がしたい」

と思い立った。

角倉了以

備中（岡山県）倉敷に仲のいい商人がいた。了以は、

「あの男は商売で非常に生きがいを感じている。どういうことをしているのか教えてもらおう」

と考え、倉敷へ出かけた。季節は冬のころだったが、その日は暖かく、風もなかった。倉敷の商人は、

「近くの川へ行って舟に乗ろう」

と誘った。

「こんな寒い日に舟に乗るのか？」

了以が思わずためらうと、倉敷の商人は笑った。

「おまえに見せたいものがあるのだよ」

そこで、了以も倉敷の商人のすすめに従って舟に乗った。舟は上流に向かって川を逆上った。そのうちに了以は気がついた。それは、了以たちが乗った舟の脇を、川上へ上る舟や、川下へ下る舟の往来が多い。舟にはみんな荷物が載っている。

了以は倉敷の商人に聞いた。

「まわりを通る舟は何だね？」

商人は答えた。

「高瀬舟だよ」

「高瀬舟？」

了以は聞き返す。商人はうなずいた。そしてこんな話をした。

「高瀬舟というのは、もともとはこの地方の農民が使っていた物を運搬する舟だ。底が浅い。この川の上流は次第に浅くなるけれど、あの舟を使えば物が用意に運べる。つまり川というのは物を運ぶ〝水の道〟だからだ。

よくこの国では、物ごとを考えるのに東と西で決めつける。しかし、われわれはあるとき、この備前国は東と西だけではなく、南と北があると考えたのだ。北は山岳部だ。南は臨海地帯だ。地形が違うのだから、できる物も違う。そうなると、北の山岳地帯に住む人びとにとって、不足する品物がたくさん出てくる。たとえば魚や塩だ。あるいは米も満足にできない。逆に、臨海部では山岳部でできる鉄だとか金、銀などの鉱物は採れない。

そこでわれわれ倉敷の商人は相談して、北の方の産品を南へ運び、南でできる品物を北へ運ぼうと決めたのだ。いってみれば、それによって山に住む人びとと、海に近い地域に住む人びととの暮らしぶりを平均化しようということだ。まわりを通る高瀬舟は、そのための舟だよ」

「……！」

倉敷の商人の説明を聞いた了以は、深く感動した。かれは悟った。

（そうか。この男がいうように、日本の国は狭いけれども東と西だけで成立しているわけではない。北と南があった。自分が今商売をしている京都でも同じことがいえる）

✣水路を作って舟で運ぶ

了以は倉敷の商人に感謝した。

「今日はすばらしいことを教えてもらったよ。ありがとう」

「京都へ戻って、新しい商売の参考になればこんなうれしいことはないよ」

倉敷の商人もそういった。角倉了以の頭の中に、〝高瀬舟〟の姿が深く刻み込まれた。帰り道で了以はこのことを真剣に考えた。倉敷で見た高瀬舟は、備前国内の北と南の今の言葉を使えば「格差是正」を目的にしている。了以は、

「これをもっと規模を拡大して、日本海と太平洋をつないでみよう」

と考えたのである。京都に戻ったかれは、目を輝かせて計画を立てた。そして幕府に、

「日本海と太平洋を結ぶ物流ルートの設定」

を願い出た。幕府役人は眉を寄せた。了以の計画がとてつもなく壮大なものだったからである。

役人は聞いた。

「具体的にはどんなルートを作るのだ？」

了以は自分の計画を話した。

・日本海側の物産は、主として越前（福井県）の敦賀港を利用する

・敦賀港に陸揚げされた物資は、馬で山道を越えて琵琶湖畔まで運ぶ

・琵琶湖の今津から大津までは舟で運ぶ

・大津で陸揚げした物資を、また馬を使って京都へ運びこむ

・京都の北方から南方へ舟で運び、淀川を利用する

・そして、物資を大坂港に運ぶ

というものである。しかし役人は笑った。

「京都の鴨川は流れが速くて使えないぞ」

「はい、そのとおりでございます。そこで新しい川を作ります」

「何？」

役人は驚いて了以を見返した。了以は微笑んで役人にこういった。

「新しい川というのは、物を運ぶ水路を作るということです。もちろん旅をする人びとの役にも立たせます。そして、この川を高瀬川と名づけ、高瀬舟を浮かべます」

「高瀬川と高瀬舟だと？」

役人はますます妙な顔をした。了以は自信をもってうなずいた。熱心な了以の説得によって、

幕府もこの工事の許可を与えた。了以は、
・工事費は全部自己負担とする
・しかし、高瀬舟を利用する舟からは通行料を徴収する
と定めた。突貫工事が行われた。高瀬川の開発は、了以にとってまさに、
「土倉業者から、もっと社会的貢献のできる事業への転換」
であった。
水路は完成した。現在もその名残りを残す高瀬川である。そして、人や物を運ぶ舟を高瀬舟
といった。したがって、高瀬川とか高瀬舟というと、今のわれわれはすぐ京都のことを思い出
すが、それを開発した角倉了以自身が、倉敷商人から教えられたチエであった。

心

鐘の身になる

河村瑞賢《かわむらずいけん》

河村瑞賢（一六一七〜一六九九）

江戸初期の豪商。伊勢の人。江戸の明暦の大火（一六五七年）の時、木曾の木材を買い占め巨利を得る。幕命によって奥羽米の江戸廻米のため東廻り・西廻り航路を開く。また、淀川治水工事などの功により旗本に登用された。

✝米俵で鐘を元に戻す

河村瑞賢は、江戸初期の大土木建築業者である。日本国内の河川改修で名を上げただけでなく、〝北前航路〟と呼ばれる日本海の西廻り航路を開拓したり、さらに太平洋の東廻り航路も開発した。

かれは伊勢出身の業者だったが、若いころは苦労した。それは、江戸の土木業界が大手で完全に結束し、新規業者の参入を厚い壁で阻んでいたからである。河村瑞賢は、虎視眈々と、

「おれも、いつかは大土木建築業者になりたい」

という志をもっていた。あるとき、江戸の芝増上寺の鐘楼から鐘が落ちた。増上寺には将軍の墓所もあり、徳川家の崇敬の厚い寺である。幕府はあわてた。そこで、

「鐘をすぐ元へ戻そう」

ということになった。このとき、幕府の役人はいつもの指名をやめて、競争入札にした。既成業者たちは怒った。しかし、このときの幕府役人は不正が嫌いだったので、あくまでも自説を主張した。

結局競争入札が行われた。落札したのが河村瑞賢である。非常に安い工事費だった。古手の業者たちはあざ笑った。

「河村のバカめ。仕事がほしいものだから、ダンピング（今のことばを使えば）して落札した」

　そして、

「あんな安い費用で、鐘が元へ戻るものか。お手並み拝見だ」

と意地の悪い見方をした。工事当日、たくさんの見物人が集まった。

「河村瑞賢が、安い費用で鐘を元へ戻すそうだ。どんな方法で戻すのだろうか」

と江戸中の評判になり、やじ馬がいっぱい集まった。普通なら、落ちた鐘を元に戻すのには、大きな櫓を建てて鐘を鉤で吊り、引き上げる。そのために、たくさんの丸太が必要であり、また引き上げるための労務者もいる。

　ところが、瑞賢は櫓を組まない。鐘は落ちたままだ。みんなが、

「いったいどうやって、あの鐘を元へ戻すのだろう？」

と顔を見合った。そのうちに、ワッショイワッショイというかけ声がして、たくさんの人間がなだれ込んできた。みると、みんな肩に一俵ずつ米俵を担いでいる。見物人はびっくりした。

　先頭にいた河村瑞賢は、鐘楼の前まで来ると、

「みなさん、ご苦労だった。では、その米俵をわたしの指示どおり重ねてほしい」

といった。瑞賢は、まず、鐘の落ちている反対側に米俵を一列に並べさせた。そして、米を担いで来た労務者たちを動員して、鐘を持ち上げさせ、並べた米俵の上に乗せた。鐘が米俵の上

に乗ると、瑞賢は、

「では、こっち側に米俵を二段に積んでくれ」

といった。米俵が積まれた。すると瑞賢は、

「鐘をこっちに移してほしい」

と告げた。鐘が移された。今度は反対側の米俵が三重に積まれた。鐘が移された。こっちが四重に積まれる。鐘がこっちへ来る。向こうが五重になる。鐘が向こうへ行く。この繰り返しをして、鐘はついに、こっち側の米俵、あっち側の米俵と往復しながら元へ戻ってしまった。見物人たちは呆れた。しかし、いっせいに手を叩いてはやしたてた。

「河村さん、見事だ！」

意地の悪かった大手の業者たちも、今は眼を見はって呆れていた。そして互いに顔を見合わせ、

「河村のチエはすごい」

と認め合った。

✢鐘にも心がある

大手業者の一人が瑞賢に聞いた。

「なぜ、こんなことを思いついたのだ？」

するとと、瑞賢はニッコリ笑ってこう答えた。

「鐘の身になったのです」

「何？」

眉を寄せる業者たちに、瑞賢はこう答えた。

「鐘にも心があります。落ちてさぞかし心細いことでしょう。それが、今までのように櫓が組まれ、縄で吊り上げられれば、鐘はビクビクします。いつ落とされるからわからないと不安になります。その鐘の気持ちがよくわかりますので、わたしは少しずつ高いところへ鐘が戻っていくように、米俵を活用したのです。ただそれだけですよ」

「……」

大手業者たちは沈黙した。

「鐘の立場に立って、工事を考える」

などという発想は、今までのかれらにはない。大手業者たちは反省した。

（河村瑞賢は、実に心のやさしい男なのだ）

と思った。誰もが、鐘を有機物だとは思っていない。ただ鉄の固まりだと思う者もいるだろう。

ところが瑞賢は、

「鐘にも心がある。だから恐怖心もわく。その恐怖心をさらに掻き立てるような工事のやり方では、鐘も心配でオチオチしてはいられないのだ」

と考えたのだ。つまり、これは今の経営に一番必要な、

「いつも客の立場に立って仕事をする」

ということである。しかし感心する業者ばかりではなかった。なかにはまだ瑞賢に敵意をもつ者もいた。その人間はこう聞いた。

「しかし、それにしてもお前さんの落札費用は安すぎる。自分が出血サービスしても、この仕事がほしかったのかね」

ところが、瑞賢は首を横に振った。こう応じた。

「いえ、損はいたしません。わたくしが今日仕事を頼んだのは全部米屋さんです。これからかれらに話があります。ちょっとお待ちください」

そういうと、瑞賢は自分に協力した米屋を全部集めた。こういった。

「今日はみなさんご苦労さまでした。お蔭さまで鐘が元に戻りました。そこでご相談があります。わたしはみなさんから、米俵を買わせていただきました。しかし、鐘が元へ戻った以上、わたしにとって米俵は不用です。買った値の半額で引き取ってくれませんか」

米屋たちはどよめいた。思わず顔を見合わせた。笑みがこぼれた。瑞賢に売った額の二分の

一で買い取るなどというのは、こんな安い買物はない。みんな声を上げて賛成した。

こうして瑞賢は、落札額のほとんどを米の売払いによって獲得したのである。大手業者たちは、さらに呆れた。しかし瑞賢がただものでないことを、みんなよく認識した。

知と情の第三の道

土井利勝《どいとしかつ》

土井利勝（一五七三〜一六四四）

江戸初期の幕府大老。下総《しもうさ》古河藩主。一説に徳川家康の庶子という。早くから家康に仕え、将軍秀忠・家光の補佐に当たる。幕府最初の「大老」として、家康没後は幕政の安定に尽力。

✢総務部長の務め

江戸初期の幕府老中土井利勝は、あまりにも徳川家康に容貌がよく似ていたので、

「土井様は、大御所様（家康のこと）の隠し子ではないのか」

といわれた。そんな噂を耳にしていたせいかどうか、土井は人に接するときはいつもニコニコしていて、絶対に大きな声を出したり怒るようなことはなかった。家康・秀忠・家光の三代にわたる徳川将軍に仕えた。

かれの役割は現在の会社でいえば、総務部長のようなものだ。江戸城内の規律保持や、幕府の仕事の進行管理などを行う。もちろん人事や財政の権限ももっていた。

二代将軍秀忠のときの話である。秀忠はタバコが嫌いだった。ところが、このころ江戸城内では喫煙が流行り、勤める武士の間では、

「喫煙家は格好いい」

などといわれていた。そのために、本当ならぬタバコが飲めない連中も、無理をして鼻から煙を吹かせてむせたりしていた。秀忠はこの現象に怒った。そこで、総務部長的責任をもつ土井利勝を呼んだ。こういった。

「近ごろ、江戸城内で、タバコを吸う者が多い。取り締まれ」

「はっ」

土井は秀忠を見返した。土井も今江戸城内で喫煙がしきりに流行っていることは知っている。しかし、土井はいつも、

「相手の立場になってものを考える」

という習性をもっていた。土井自身もタバコはあまり吸わない。しかし、

「これだけ城内で喫煙が流行るというのは、それなりの理由があるのだろう」

と思っていた。まして、完全にタバコ飲みになってしまった人間は、一種の中毒症状にまで達しているので、いきなりこれを禁止すると健康に影響が出はしまいかと心配した。しかし土井が、眼に託したそういう気持ちは秀忠には通用しない。秀忠は、
・おれはタバコは嫌いだ
・おれは将軍という最高権力者だ
・だから、その最高権力者がタバコを嫌うのだから、江戸城内では絶対に吸ってはならない
・それを取り締まるのが、総務部長である土井の役目だ
こういう論法を立てている。秀忠からそういう気配を感じとった土井は、自分の部屋に戻ってしばらく考えた。やがてニコリと笑うと、

「よし！」

と立ち上がった。

✝自分も罪を犯す

城内では、

「タバコ飲みは、湯飲場で隠れ飲みをしている」

と噂されていた。土井は湯飲場に行った。戸は閉められていたが、中から煙が漏れてきた。タバコの隠れ飲みをしている武士がいるのだ。土井はそっと戸を開けると中に入った。そして、

「おい、タバコはうまいか」

と聞いた。中にいた武士たちはびっくりした。あわてて宙にただよう煙を手で払ったが、そんなことでは隠せない。土井は笑った。そして、

「気にするな。おれにも一服よこせ」

そういうと、半信半疑でいる武士たちから無理に煙管を取り上げて、一服吸った。フーと息をつくと、

「うまい。おい」

そういうと、ニコニコしながら顔色を変えている武士たちにこういった。

「タバコは、やはり隠れ飲みが一番うまいなあ」

そういうと、静かに出て行ってしまった。残された武士たちは思わず顔を見合わせた。土井がいったい何のために湯飲場に入って来たのかわからなかったからである。しかし、多くの武士たちは、

「土井様は、きっとこのことを上様（秀忠）に報告するに違いない」

と恐れた。その後の罰が怖かったからである。ところが、一日たち二日たっても何の咎めもなかった。それは、土井が報告しなかったからである。逆に、隠れ飲みをしていた武士たちはこんな噂を聞いた。それは、

「土井様が、湯飲場でタバコの隠れ飲みをして上様にこっぴどく叱られた」

というものだ。武士たちは顔を見合わせた。そして口々に、

「土井様に申し訳ない。これからは、湯飲場での隠れ飲みはやめよう」

と誓った。土井にすれば、

・秀忠の命令には背けない
・しかし、タバコの隠れ飲みをする連中には、それなりの切羽詰まった事情がある
・したがって、秀忠の命令にそのまま従うか、あるいはタバコ飲みたちの立場に立ってものを考えるか、どちらを選ぶこともむずかしい
・そのため、土井は〝第三の道〟を選んだ

・それが、土井自身がタバコの隠れ飲みの群れの中に飛び込んで一緒に罪を犯し、秀忠に叱られることである

・そうすれば、このことがやがて漏れて、タバコの隠れ飲みも自然に消滅するだろう

実に知と情にあふれた処置であった。秀忠も反省した。やがて江戸城内には、正式に時間を限って喫煙を許す場所が設けられた。これも土井のはからいである。

〔初出〕

本書は、

・「財政改革の決め手は心の改革」季刊誌『ふれあい』No.42、1996年6月、財団法人納税協会連合会刊

・「勇者の魅力」季刊誌『ふれあい』No.44〜70、1996年12月〜2003年6月、財団法人納税協会連合会刊

に掲載されたものに加筆・修正し、まとめたものです。

童門冬二（どうもん　ふゆじ）

本名、太田久行。1927年（昭和２年）、東京生まれ。東京都立大学事務長、東京都広報室長、企画調整局長、政策室長を歴任。1979年（昭和54年）、美濃部知事の引退とともに都庁を去り、作家活動に専念。在職中に培った人間管理と組織の実学を、歴史と重ね合わせ、小説、ノンフィクションの世界に新境地を拓く。第43回芥川賞候補。日本文芸家協会ならびに日本推理作家協会会員。1999年（平成11年）、勲三等瑞宝章を受章。

主な著書に、『小説上杉鷹山（上・下）』（学陽書房）、『小説小栗上野介』（集英社）、『小説項羽と劉邦』（日本実業出版社）、『信長』（日経ＢＰ社）、『新装版　上杉鷹山の経営学』『男の論語』『人生、義理と人情に勝るものなし』『宮本武蔵の「五輪書」』『男の詩集』（以上、ＰＨＰ研究所）などがある。

勇者《ゆうしゃ》の魅力《みりょく》――人を動かし、組織を動かす

平成15年10月20日　初版発行

定価はカバーに
表示してあります

著　者　童門《どうもん》　冬二《ふゆじ》

発行者　成松　丞一

発行所　株式会社 清文社

〒530-0041　大阪市北区天神橋２丁目北２-６（大和南森町ビル）
電話06(6135)4050　Fax 06(6135)4059
〒101-0048　東京都千代田区神田司町２－８－４（吹田屋ビル）
電話03(5289)9931　Fax 03(5289)9917
〒730-0022　広島市中区銀山町２－４（高東ビル）
電話082(243)5233　Fax 082(243)5293

清文社ホームページ　http://www.skattsei.co.jp/

印刷・製本　大村印刷
ISBN4-433-27553-0